This book comprises a collection of narratives contributed by various individuals, each presenting a unique chapter, all intended to offer inspiration to our readers.

This book is not intended to provide psychological, legal, or professional advice. The content and viewpoints expressed in each chapter solely belong to the respective authors and do not necessarily reflect the opinions of the Cannenta Center for Healing and Empowerment or the Cannenta Foundation.

For more details, please visit Cannenta Foundation, Inc at www.CannentaFoundation.org

Cover design and layout by Hector Cavazos

Edited by Kelley Salas

Spanish translation by Floralba Vivas

ISBN: 979-8-218-27814-4

Library of Congress Control Number: 2023916914

Published by: Cannenta Foundation

Self-Care
for Chingonas

To the resilient spirits of our Chingona community,
This book is dedicated to all the fierce and empowered individuals who embrace their heritage and radiate strength. Your unwavering determination and boundless love are the cornerstones of our culture. May these pages serve as a guide, a sanctuary, and a celebration of the self-care journey you embark upon. Just as you nurture those around you, may you also find the time and space to nurture yourselves. Remember, self-care is not just an act, but a testament to your worthiness and vitality.
In the face of challenges, may you find solace within these words and discover practices that resonate with your unique experiences. May this book remind you that you deserve moments of rest, replenishment, and joy. Your well-being is a priority, and by caring for yourselves, you continue to illuminate the path for generations to come.

SELF-CARE FOR CHINGONAS

Contents

9

BREATHING

12

ENVISION

8

SAY NO

4

SLEEP

6

ALONE TIME

3

MUSIC

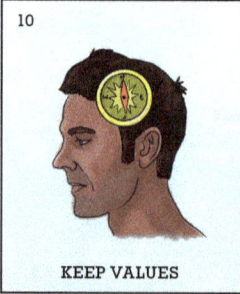

10

KEEP VALUES

1

SMALL RITUALS

2

FAMILY EXERCISE

11

THERAPY

7

PLANNING

5

GET CREATIVE

Introduction

By Dr. Leti Cavazos

Self-care is trending—and for good reason. People are taking their mental health seriously, figuring out what they need, and finding ways to tend to their own wellness. But ...

> Have you ever felt like taking time for you is selfish?
>
> Do you struggle to find time to practice self care?
>
> Does self-care take a backseat to your family and work?

If this sounds familiar, you're not alone—and Self-Care for Chingonas is for you! The therapists at the Cannenta Center for Healing and Empowerment created this book specifically for Latino readers because we know firsthand how cultural norms and expectations can take a toll. From the time we're children, many Latinos absorb the assumptions of Marianismo, which dictate that women should put others' needs before our own, and of Machismo, which expect men to be strong heads of household and never let down their guard.

So, how do we break the mold? How can women learn to identify our own needs, put ourselves first, and ask for help? How can we flip the script on Machismo so it's okay for men to be vulnerable and express a range of emotions?

To do this, we'll need to discover new aspects of ourselves—and we may need unlearn a few things. That's where the chingona part comes in. Traditionally, chingona was used to describe a woman who was too aggressive, who rubbed people the wrong way because she didn't fit that Marianismo mold of bending over backwards for others. Recently, though, Latinas have reclaimed the word, applying it to women who are smart and fearless while also holding on to the beautiful culture we love. The hope of this book is that readers will harness some of that chingona energy to let go of the cultural expectations that have been passed down through the generations—while still remaining our strong, authentic selves. We can be the ones to end the cycle of putting others first, by giving ourselves the self-love and self-care we deserve and need.

In this book, several Cannenta Center therapists share how we discovered our own self-worth and unlearned behaviors and patterns that no longer served us. Many clients assume therapists have it all together, that we haven't faced much adversity.

But the truth is, everyone is on a journey to overcome aspects of their past and achieve personal growth—including the therapists who authored this book. We have triumphed over hurdles like social isolation, trauma, stifling expectations, and difficult family cycles. By showing how we changed our ingrained perspectives and personal practices to take better care of ourselves, we hope to normalize this journey for the community as a whole.

As you delve into these chapters, you may find stories that resonate with your own experiences. You'll see that therapists, too, have had to learn self-care skills, and that we must practice them regularly to "stay in shape." Above all, I hope these twelve stories will inspire you to embark on your own self-care journey, and to seek therapy and other mental health services whenever you need them.

Like any practice, self-care is not about perfection. It's a work in progress, a toolkit of ongoing activities and routines that every person must develop individually. To offer some possibilities, each author has included a favorite self-care activity at the end of their chapter. Together these form a beautiful and varied collection of self-care routines and rituals. I encourage you to leaf through and try them on for size. Like our authors, you'll undoubtedly come to love some of them.

As you endeavor to include more time on your calendar for prioritizing and nurturing yourself, there will probably be some setbacks. In those moments, it can help to remember that like any art, self-care is an evolving practice—one that requires patience, flexibility, and self-compassion. If we keep at it, self-care can become a cherished friend, something we can turn to again and again—even when life is complex and demanding—whenever we need a path for rest, reflection, grounding, and rejuvenation.

Part I

Start Where You Are

One

Small Rituals

By Elizabeth Palafox

I remember watching my mom's beauty ritual every day as she got ready. I was mesmerized by the precision and softness with which she would trace the features of her face with pencils and powders, or the perfect way she would collect her hair into a sleek updo that carried her throughout the day. She never gave the impression that she needed her products to be able to confidently face the world. My mom knew she was beautiful in every state, and she would often look at herself in the mirror and proudly claim, "Qué bonita estoy." This sweet simple statement was a heartfelt love letter to herself. Her ritual was just a way she was able to give herself some extra love and attention in the midst of her unpredictable schedule.

My mom raised my younger brother and I on her own, and with that came rushed mornings, busy schedules, and hours of driving here and there with limited help. It would have been understandable to be lenient in self-care or self-love practices, but this was hardly the case for my mom. Even with her limited free time, my mom made sure to remind herself that she was worth the investment. She became my definition of self-love and self-care with the small acts she did in honor of herself.

Beyond her beauty ritual, my mom would do other rituals with the same intention. In her cooking ritual, she would plan out good-for-the-soul meals with her favorite seasonings and ingredients, and be fully present as she followed each step of the recipe. Smells of her pollo en vinagre or the spice of chile de árbol would fill the air, and at times she'd retell family stories connected to the dish she was cooking that day. For weekend rituals, she would clear off our Saturday morning calendar, fill the home with sounds of merengue, and make sure we took our time getting the chores done around the house. I noticed that the intentions she set made the difference in her mood, and ultimately in ours. I don't think my mom realized at the time that what she was doing by being present in her rituals was actually a therapeutic practice.

When I visited my grandma in Mexico City for the first time a few years ago, I noticed she also performed a lot of the same rituals my mom had been practicing. From then on, every time I visit her, she dedicates time to herself in the same ways. In her beauty ritual, my grandma is contemplative in her application of creams, perfumes and hair oils. In her home ritual, she spends the time peacefully sweeping or gathering the laundry on her rooftop clothesline. In her cooking ritual, she warmly communicates with market vendors to buy her ingredients, and then fills the home with that same warmth as she humors us while cooking up a storm. I see my grandma is able to live in the present in a lot of the same ways I saw my mom doing it while I was growing up.

A lot of times the messages we receive about self-care have to do with indulgence in flashy practices or events, such as a spa day or a weekend getaway to a cabin. While there's nothing wrong with treating ourselves to something elevated or special—I can't even say how much time I have spent researching the best skin facial near me—the maintenance we do daily to practice mindful self-care is where we can see the most benefit. It's in the small sacred moments that we can indulge in who and where we are. By incorporating small rituals in how we start the day, live the day, and enjoy the day, we can practice sustainable self-love and self-care.

So, how do I incorporate mindfulness in my everyday rituals? I start by setting thirty-five minutes on my alarm to dedicate to my makeup ritual (thank you, Mami) before heading to work. I incorporate all five senses as I pull all my focus to this activity and become fully present. I look in the mirror and set the intention to be present and speak gratitude for the way I look and for the energy I bring to those around me. As I work through each step of the process, I am mindful of how the moisturizer I use smells of summer, how the brush feels as I stroke it on my face, how

I see the pink pigments from the blush reflected on my skin, and how the setting spray sounds when I set the products in place. I feel my mood instantly boost just from a mindful use of my senses.

As the day goes on and I start working through my to-do's, I look for ways to live mindfully with each one. One example from home is the act of doing laundry. While it takes me time to build the motivation to actually get started, once I do, it becomes a practice in mindfulness. I set the intention to be organized throughout the week and express gratitude for my clothing. As I sift through my clothes, I feel the textures and materials as my fingers run over my clothes, I smell the fresh and sweet scent of detergent, and I see the revived colors of the items. As I fold each item and organize it in the drawers, I notice the grounding sense I feel within myself.

Finally, I consider activities that I can add into my day for simple enjoyment. While these moments might seem like the easiest form of self-love and self-care, sometimes our minds can stay busy thinking of everything but the actual activity while doing it. One of my recent enjoyable activities has been doing Pilates. I have a difficult time with cardio, but this is a gentle way to still get some movement in. With Pilates, I hear the sound of the instructor and music as I switch from pose to pose. I feel the burn in my muscles, and the sweat as it runs down my skin. I turn and see the design on my floor mat when I'm trying to stay balanced. In this activity I pay attention to how my body can stretch, bend, and strengthen.

In my work with clients, I highlight the value of mindfulness in their daily rituals, especially since so many have full-time obligations and limited time. We discuss how it is all too common for self-care to easily take a back seat. For this reason, I often pose the question "How can this normal daily activity be a therapeutic act of self-love?" My question is drawn from Acceptance and Commitment Therapy (ACT), a form of mindful psychotherapy that encourages individuals to be present in the moment and promotes acceptance and non-judgmental thinking. Books like *The Happiness Trap* by Russ Harris explore themes of "informal mindfulness" like the ones I discuss with clients.

I begin by exploring how their day begins. Is the morning usually rushed? Do they wake up feeling angry? Dreadful? Empty? From there, I explore how they manage to take care of daily chores and tasks. Is it for appearances? Expectations? Is it the last thing on the to-do list? Finally, I explore how they tend to feel when taking part in their more enjoyable activities. Are they distracted? Stressed? Guilty?

My favorite part of working with clients on this is that I learn new daily rituals I might have never thought of before. One client shared with me that her enjoyable activity was a solo morning swim in a nearby creek. One client shared with me that her enjoyable activity is putting together excel sheets for the week ahead. Taking on the practice of a daily mindful ritual is not easy, but it is sure worth the investment.

SMALL RITUALS

Be in the Moment
Elizabeth Palafox's Self-Care Practice

As you start piecing together some daily rituals, look to your family, your community, and your team to find ways to incorporate mindfulness In your life. Begin by looking at your morning. The goal is to pick one activity you are already doing every morning such as washing your face, taking your dog out, making a cafecito, or watering your plants, and using that as your self-care time. As you are doing the activity of your choosing, pull all your focus to it, becoming fully present. Incorporate your five senses as you complete the task.

As you work through your morning ritual activity, pay mind to the way your body moves as you do it. Notice how things taste, feel, smell, look, and sound. Be conscious of what is taking place in your space as you move through the routine. If you're going to take your dog out before work, it might be easy to become impatient and yell at them to hurry so you can get going. Instead, set the intention to spend ten minutes outside with them and to express gratitude for the gift they bring to your life. Bring your attention to the sounds of the birds chirping in your neighborhood trees as they fly from branch to branch. Become aware of how the temperature feels on your skin and begins warming you up for the day (especially if you live in Texas). Pay attention to the smell of the early morning grass and fresh air around you. Appreciate the sight of your pup sniffing the ground. Notice the posture of your body, and use the walk as an opportunity to stretch out or loosen up. When thoughts enter your mind about the busy day ahead, take note of them, and let them come and go like leaves on a stream. If you have a hard time keeping your thoughts at bay, be patient at the distraction, and refocus on your five senses during your activity. While this is just one example, the same formula of the five senses can be used in any morning routine.

As you try to be mindful in how you live the day, pick an activity later in the day that you can draw your five senses to. It could be something done daily, or it can be on a designated day for household tasks. If you are going to be cleaning the kitchen after a meal, set your intention and begin drawing on your five senses. What colors or textures are you seeing? How does the dish soap or floor cleaner smell? How does a sponge or towel feel in your hand as you wipe surfaces? If a particular muscle is being worked, do you notice it and need to move your body a different way? Daily chores might or might not be relaxing or fun for you, but when done with intention or mindfulness, they can be therapeutic. If your mind begins thinking about better things you could be doing or how much work you have left, allow the thoughts to come and go like leaves on a stream again—always reconnecting with your five senses and refocusing on the present moment.

Lastly, take a look at the rituals you can do to enjoy the day. When you do an activity that's just for you, make sure you're getting the most from it by being fully present. Perhaps you choose to go for a bike ride or sit in a hammock reading a book. Start incorporating your senses by taking note of the details in your environment. What textures do you see around you? How does the air feel in your lungs? Maybe you have a refreshing drink nearby—how does it taste? In any enjoyable activity you do, be aware of how you can express self-love using mindfulness and your five senses in that moment. Cherish, indulge in, and celebrate who and where you are in that moment. When you start thinking of the past or future, gently guide yourself back to your present senses.

About

Elizabeth Palafox, LMSW

Elizabeth Palafox Zaldivar is a highly skilled and compassionate social worker who provides a range of services to the San Antonio community. With a Master of Science in Social Work from The University of Texas at Austin, Elizabeth is a bilingual (Spanish) Licensed Master Social Worker who provides counseling services to clients who have experienced trauma or other challenges in their lives.

Elizabeth's training in Eye Movement Desensitization and Reprocessing Therapy (EMDR) at the Institute of Creative Mindfulness has given her the tools she needs to provide trauma-informed care to clients who are struggling with the aftermath of traumatic events. She also offers parenting classes that are specifically designed for the Latino community, and completes immigration assessments to help undocumented individuals obtain citizenship.

In addition to her work with individual clients, Elizabeth has experience working with multicultural families in transitional housing settings, parent education programs, and intensive case management. She has facilitated maternal mental health support groups for new moms and trauma-informed psychoeducational groups for incarcerated fathers in Travis County.

As a first-generation Mexican American, Elizabeth is deeply committed to supporting individuals and families in the Latino and immigrant communities. She uses a cultural framework, trauma-informed language, and a strengths-based approach to help clients discover their identities and achieve their goals. Her passion for empowering her clients and providing them with the tools they need to succeed is evident in all aspects of her work.

Elizabeth Palafox Zaldivar is a highly skilled and dedicated social worker who has made significant contributions to the San Antonio community. Her commitment to using a cultural framework, trauma-informed language, and a strengths-based approach has enabled her to support individuals and families in the Latinx and immigrant communities. Her work as a counselor, educator, and advocate has had a significant impact on the lives of many, and her compassion and dedication to her clients are truly remarkable.

MUSIC

2

FAMILY EXERCISE

...IALS

5

Two

Better Late Than Never

By Elisabeth C. Galarza

Finding self-love and self-care has been an ever-changing journey for me. It has helped me discover who I am and how I fit into my own family and my own community, which has been a struggle most of my life. Discovering self-love may not be an easy journey for some. It makes you truly look at yourself. It makes you self-reflect, which can in turn make you act.

With self-love then comes self-care. Once I began to discover who I was and how I fit in, I came to the realization that I was not caring for myself as I should. This is when I decided to do things for me. A la mala. Up until then, my focus had been my family, and making them happy and comfortable. As I saw it, that was my job. I am a Hispanic mother and wife, so that is my duty, right? Or is it?

Culture plays a big part in how we view others and ourselves. It guides us in our actions and inactions. For me, as a Hispanic female, self-love and self-care were seen as selfish and self-centered. I remember my grandmother telling my cousin and me, "¡Se van a volver locas!" as we looked in the mirror to get ready. As young girls, we brushed it off and teased each other by pretending to go crazy as we looked in the mirror and giggled at ourselves. Little did I realize that this moment would define what it means to care "too much" about one's looks. It wasn't pretty. No one wants to go crazy. I unknowingly stopped looking in the mirror as much—not just because of this one statement, but because of many others I would receive along the way.

"I'm nobody's maid," my mother would say defiantly at parties and gatherings. This was my mother's statement every time people commented about how she should make my father and us (her children) a plate to eat. She was there to enjoy herself, too, which excluded serving others who could serve themselves. I saw the side-eyes and heard the murmurs or laughs from people who knew her best, because they thought it was her duty as the wife and mother to serve up plates. But she refused to fit that Marianismo mold.

Unfortunately, as a child, I had mixed feelings. These comments and others taught me that women who partake in self-love and self-care are often viewed in a negative light. I got the message that as females, we should not worry too much about our looks, and our job is to serve others first—not ourselves. We must be self-sacrificing in our roles, or we risk being seen as conceited or selfish.

But self-love and self-care do not equal conceit and selfishness. Loving yourself opens you up to the opportunity to love others, and to build them up. Caring for yourself does the same; we can better care for others when we feel healthy ourselves.

I was in my thirties when I started to discover self-love and self-care, but it was difficult to get the old mindset out of my head. I thought I was being conceited and selfish for loving myself and thinking of myself. Those were the lies I kept telling myself. I had recently gotten divorced, and I was struggling with my idea of love and caring for myself. I slowly discovered that I had to love myself as the person I am—more than I loved my ex-spouse and my identity as a wife. This was years in the making.

As time goes by, my ideas about self-love and self-care continue to evolve. In the beginning, it meant loving my body, my hair, my skin, my accent—everything that made me different from others, or so I was told while growing up. I took care of my body and my skin, I learned how to take care of my hair, and I practiced my speech; I did not want too much of an accent—which, fortunately, I still have. I focused on ensuring that I looked great on the outside so that others wouldn't judge me. Today, self-love means accepting myself as I am, holistically. It means knowing other people struggle with their own self-love and self-care too, and therefore, I should not focus on what other people think of me. They will judge regardless. My self-love and self-care consist of doing what feels good to me, what makes me proud to be me, and what makes me happy.

It took time, but I love being Afro-Latina. This is a term I did not hear growing up, and I did not recognize it until I was much older. Odd, isn't it? I felt ostracized by my own raza, but did not understand why I was different. My body, my hair, and my skin tone all told me I was different from my family, my friends, and my community. Not until I expanded my horizons by graduating from college, and later, getting a divorce, did I realize those were not things to be ashamed of. They were me—all of me. The process was slow, but it was freeing to realize that I, too, represent what a Latina is, regardless of my so-called "exotic" look. It opened me up for even more self-love and self-care. Discovering self-love guided me to learning more about my cultura and me. Interesting how cultura can both build you up and bring you down.

Family is an important part of my culture, and that is something I hold close, but I still have outside interests aside from my family. For my self-care, I made a conscious effort to do things for myself and by myself, and I also included my children. We went on vacations, we went to the zoo, museums, parks, etc. I tried to pick new and fun things to do with them. I am a child at heart, so those things helped me release stress and relax. As I mentioned earlier, I went through a rough divorce, so focusing on myself and building a strong bond with my children became my focus. We connected closely to family for support. I had people I could speak to and spend time with, and so did my children.

I was subjected to the usual vicissitudes of a difficult divorce, but I always circled back to self-love and self-care. Depression hit me hard, and although family and friends were there to support me, I did not share that part of me. I was ashamed and embarrassed; as a social worker, I had been educated on mental illness and its effects, and I felt I should have a better handle on things—but I didn't. I, too, am human. I lost a lot of weight unintentionally and it was not healthy. I cried a lot. I had trouble with sleep. I felt worthless as a mother. I was always fatigued. At times, I had difficulty making decisions. I was angry a lot. I would punch my pillow and scream into it until I couldn't anymore. Honestly, I even had thoughts of suicide, but my stubbornness kept holding on. I will not let this beat me, I told myself.

In due course, I was all cried out. The sad songs and my want to hit something did not help anymore. I started to feel … well, numb. What could I do now? What is my next step? I could not stay motionless. Eventually I started exercising as a means of letting it all go. I even bought an elliptical. That helped with my anger and tension; I could take that energy and make it useful. I was also teaching my children through modeling these behaviors. I spoke to them about self-care. My son chose music and my daughter began doing art as a means of expressing themselves. My son learned to play the violin and eventually got into band in high school. My daughter's artistic side bloomed, and she eventually started a YouTube channel that grew along with her confidence.

Exercise has helped me a lot with caring for myself and loving myself. When I take all my pent-up energy out on a weight machine, or even if I go for a hike at a park, I feel so much relief. My focus is no longer on the emotion; it is on completing a set or enjoying the sights on a hike. Exercise could be as simple as walking our dogs or playing Pokémon Go with my daughter in the 'hood, or as structured as going to a gym or completing a 5k run, which I enjoyed quite a bit in my thirties—not only did I help a cause, but I also pushed my limits. In the beginning of my journey, 5k runs pushed me to go out alone and be around people, which was something I avoided due to my depression. Running also gave me the energy I needed when I did not seem to have any. Today, I still exercise, and the feeling is the same: relief. Plus, as I mentioned before, I'm a child at heart. As a family, we have done the bubble run, color run, zombie run and more. Not only did it provide the exercise we needed but also, we had a fabulous time.

Adding self-love and self-care into your life changes your view of the people and world around you. It opens you up to many experiences.

FAMILY EXERCISE

Get Active
Elisabeth C. Galarza's Self-Care Practice

To incorporate self-love and self-care in your life, you have to be ready to see a change within you. Simple practices can be incorporated into a busy or strenuous life. You can go to a park and play with your children until all of you are exhausted. Go for a walk or jog with friends, or play a sport. If you enjoy the water, lakes and rivers are easily accessible and you can go for a swim by yourself or with friends and family. Sometimes your own neighborhood affords you great views and friendly faces while you walk the dogs or take time to clear your mind. If a home or neighborhood gym is available, you can stay on a machine for quite some time as you binge-watch a show or some YouTube videos. You might even forget the time and exercise longer than you were planning to.

Don't forget to make it fun! Exercise shouldn't be a chore to complete by the end of the day. It can include play. It can include creativity. Run around with your young one and pop bubbles, fly a kite, or play tag. Put the Slip and Slide outside, or jump on a trampoline. Look around you; there is plenty to do.

Overall, whatever you do to show yourself love and care, make sure it is sustainable and something you will enjoy for some time. Switching things up may help you keep focus—unless you are a creature of habit. It all depends on what makes you happy. Go out there and explore new ways to move your body. Find free activities and places to go. Sometimes simple is all you need, for yourself and or your family. Indulge every now and again, but keep your body moving. Dance. Sing. Laugh.

About

ELISABETH

Elisabeth Galarza, LCSW-S

Elisabeth C. Galarza is a highly experienced Licensed Clinical Social Worker Supervisor with a strong background in trauma and crisis intervention. She completed her Master of Social Work at Our Lady of the Lake University in San Antonio, TX, and has since dedicated her career to helping people overcome trauma and navigate difficult life transitions.

As a trauma specialist, Elisabeth has worked with a range of clients dealing with different types of trauma, including domestic violence, family violence, and homelessness. She uses Cognitive Behavioral Therapy (CBT) in her practice, with a strong focus on crisis intervention. By working collaboratively with her clients, Elisabeth helps them set goals and establish a plan for achieving them while leveraging their strengths and support systems.

One of Elisabeth's key strengths is her ability to adapt her approach to each client's unique needs. She is well versed in a range of treatment methods and works to find the best fit for each client. Through encouraging self-reflection and success in attaining individualized goals, Elisabeth empowers her clients to move toward a happier and healthier life.

In addition to her work with individual clients, Elisabeth has also facilitated psycho-educational group sessions focused on domestic violence. She has also taught undergraduate online courses at Our Lady of the Lake University and is a field instructor and mentor to social work students from various universities. Elisabeth is a Texas-approved supervisor for those individuals looking to move from their Licensed Master Social Worker licensing to Licensed Clinical Social Worker, and she is committed to helping the next generation of social workers develop their skills and achieve their professional goals.

Three

Growing Myself Up

By Federico Mendez

One of the things I learned while growing up in my traditional family was that there was no time for individual self-care, and that I should work to provide at whatever costs. My parents modeled working above and beyond their workweek to make extra money, and they worked incessant overtime to make sure we were provided for and that we did not go without. I always saw this as a demonstration of hard work and determination, and a way to offer us safety and security.

During middle school, I was heavily involved in the school's music program, and the band director befriended me. She had a loving and caring spirit, and she took me under her wing. This was a pivotal period in my life, as I was in the midst of learning who I was as an individual and finding my position in my own family. Spending time with my band director, I found a place of solace and acceptance. During this time, I faced tribulations at home with alcoholism, domestic violence, and many other family dynamics that did not make home a safe place. But when I was at band practice, I felt a sense of safety, security, and warmth. These were some of the things I needed during this time that I was not able to find at home. I wanted a place where I was able to grow and find myself. Kids at school were also not the nicest people. During this age range, kids can be cruel to each other. I had a few friends, but there was always something that I was not able to let them know, and that would soon come to a head.

My band director was like my second mother away from home. I would stay after school and help arrange music stands, put away instruments, and help her with other administrative things. During this time, she gave me private clarinet lessons and taught me about music theory. I rejoiced in sitting next to her warm spirit and humbled heart. I don't know what I would have been involved in if she hadn't afforded me some of the things I was yearning for from my parents. Even though I felt secure and safe with her, I always had the feeling that I was different from others. When I spent time with my band director, it was evident that we had many cultural differences. It did not bother me to be different from her, but in the back of my mind, I always wondered if she had any qualms about it.

She taught me business and personal etiquette. She was so polite, and at the same time, she was stern in her instruction. I think this was the most important aspect of our relationship. I did not know what personal boundaries were, and she showed me how to have them, and how to implement them with others. My parents did not demonstrate this for me in the slightest. I was taught to put myself last. My mother would always help others and be there for others when they needed her, and I grew up with the same perspectives.

I learned a great deal from my band director's involvement in my life. When I think back over the years, I realize just how lucky I was to have her in my life at that time. She was the representation of adults being safe and secure people to be around. As far as home, that was not the case. I remember a time when my father had gotten into trouble so many times with alcohol misuse that he was sentenced to jail. In order for him to keep providing for us, the judge allowed him to come home at night to be with us, and then he would go back to jail for an extended amount of time. The judge knew the responsibilities that my father had, and made sure he was able to fulfill those responsibilities. I never understood this leniency, and now, years later, I can only say that he was lucky to have that judge oversee him.

In my home, I witnessed domestic violence, substance abuse, lack of boundaries, anger, depression, emotional abuse, and overall chaos. My father never spent father/son time with me, so I missed out on something that many people have while growing up. He was always intoxicated, around his buddies, disregarding his family, and would engage in violent outbursts toward my mother. She endured many black eyes, bruises, and other painful events. The last place I wanted to be was home. So I did whatever I could to spend time with my band director whenever I could. I was learning from her, and I was kept at a safe distance from all the chaos at home.

My time away from my home was, in itself, self-care—in this way, I took care of myself without knowing it was self-care. Band was my safe place, and I was surrounded by supportive and caring people. This is also where I discovered my first love, music. Playing the clarinet was not the easiest task, but I developed this skill and became one of the best clarinet players for my middle and high school. I won various University Interscholastic League (UIL) awards and accolades. During my senior year in high school, I was offered a scholarship to the University of Arkansas. I quickly declined this offer as I imagined leaving my family and losing contact with them. As chaotic as my home life was, I knew without hesitation that I did not want to leave my family behind—and I stayed.

In high school, I was able to find my crowd. I began to see the wonders of the world and to discover what they made me feel inside. I was learning that I was different from the other boys. I had always felt different, ever since middle school, but I was not overly preoccupied with those feelings. As I began to grow into my own skin, I learned that I was gay. I did not tell a soul, and I thought to myself, "I will die with this secret." My parents made it very clear that they did not approve of such identities.

There were people in my town who were ridiculed for being gay, and I saw how they were shamed and bullied. I identified with them and yearned to be their friend. My band director had an idea about me even from middle school, but I never disclosed my feelings or thoughts about this. Then, in high school, I began to befriend peers and fellow band students who were similar to me. We were the oddballs in the group, because we all had the same sexual orientation. My parents would always ask why my friends talked like that and dressed like that, or they'd ask why one had "a swing in his hips." In their minds, that was not what boys did.

It was not until late in high school that I began coming to terms with my sexual orientation. I started asserting myself and expressing myself more, and I became more "in your face" about my sexuality as a way to confront closed-minded peers. I made friends who took the same approach. I found my people. I felt safe, secure, and supported. This was one more way my band director was able to help me find myself and establish a safe environment with others.

As I was becoming aware of my sexuality, I learned that it was not approved by the masses and would be shamed by my family. It was a lonely process to come to terms with this. My life then shifted into an abyss of alcohol and substance abuse to cope with my loneliness, the lack of boundaries, anxiety, depression, and many other issues that I was facing, seemingly alone. My few friends who shared similar life experiences were not enough to help me overcome my insecurity and fear of being gay during this time. I had to manage my internal worldview as I became an adult, and I had to think about how life would be for me once I graduated from high school.

In my lived experience of coming to terms with myself, there are times where self-hatred arises. I remember wanting to be someone different, praying that God would "take this away from me" or thinking, "Why did God do this to me?" This negative self-talk and these damaging self-perceptions only continued to further snowball. I did not have anyone to explore these thoughts with. My friends had their own demons to conquer. I had to go back home and pretend I wasn't different, so that my parents did not get any ideas.

I would still hang out with friends and other relatives who knew about my sexual orientation. However, there was a missing piece to the equation of self-actualization: my parents' negative and religious opposition to my very existence. This was one of the hardest pills to swallow. I engaged in promiscuous sexual activity as well as substance and alcohol misuse, and I hurt others emotionally because I was hurting from the inside. I got involved with people who promoted drug use and told me how good it made you feel. I can attest that escaping through drugs did feel good, especially when I was at my lowest and depression and anxiety were my primal motivators. I felt so alone, destitute, and at the same time, invincible.

Thereafter, it was only a blur. I eventually got my first and last driving while intoxicated charge. This was my version of rock bottom, and it catapulted me toward the person I am today. After all the trauma and the emotional and physical abuse, drinking myself into the court system helped me change my life for the better.

I was mandated to comply with various requirements to get my life back. I participated in mental health treatment, heard victim impact stories, and went to Alcoholics Anonymous and other interventions that helped me figure myself out. I did this alone. This was another level of self-care. I was able to do something for myself, instead of depending on others to do it for me.

As I worked on my emotional growth, I realized how badly I lacked emotional support. I was the first child born in the US for my family. I was parentified from an early age. I had no say in taking on this responsibility. I was volun-told to be the family's Speaker of the House, and I was required to interpret for my family members in various settings from an early age.

I remember quite vividly when my mother had gynecological issues and I went with her on various visits to her local OBGYN. I had to interpret medical terminology about diseases, conditions, and other topics between the doctor and my mother. Neither of my parents took the initiative to learn the English language. At their age, they rationalized that since I was already learning English, they did not need to go back to school. Neither of my parents went past elementary school. The idea of learning a whole new language and culture was overwhelming and anxiety-provoking for them.

Their lack of initiative perpetuated a lack of autonomy for them, and they became dependent on us—their children. I saw all of this while growing up. Even though I didn't like the way my family depended on me from a young age, I did gain a lot of knowledge and experience from doing things for them.

Throughout my school-age years, one of my biggest challenges was keeping up with the things that other kids seemed to have no trouble understanding—whether it was the importance of brand-name clothes, or parents with professional careers, or being able to talk to other kids my age about summer vacation trips or fancy family outings on weekends. I just didn't have the emotional support from my parents, and I couldn't rely on them to help me figure out those kinds of things. I envied other students whose parents were doctors or lawyers, who came from "good homes," lived in great neighborhoods, had the latest fashion trends, and overall seemed to be living a different reality than me.

As I have grown myself up, I have been able to successfully push myself through high school, community college, university for my bachelor's degree, and graduate school for my master's degree. Even now I continue to endure more graduate school in pursuit of my doctorate. All by myself. Yes, I would have liked for my parents to be more supportive and more attuned to my needs from the get-go. However, I eventually came to terms with the fact that my parents could only afford me what they had at their disposal.

If I had focused on the lack of parental support or become melancholy about my past and how it was not what I wanted, I would have been in worse shape, and perhaps I might not have accomplished all that I have. Instead, I am shaping my destiny one day at a time. My parents rejoice in seeing their first child born in the US doing better than they ever envisioned. I have taken the initiative of being there for myself when I need it.

I learned something important about myself through the theoretical teachings of Dr. Murray Bowen. He developed a theory of human functioning that meshes well with my perspective of how change happens in individuals, and consequently, with those around them, including family and society. Dr. Bowen's concept of "differentiation of self" was pivotal in developing my own autonomy. Through this concept (and others not mentioned here), I was able to let go of what was and build what will be.

Self-care is what you make of it. Use it to ground yourself and to be there for yourself when you need it. There is no right way of doing self-care. But it doesn't just happen out of nowhere. One must be intentional about self-care. One of the best things that I have gravitated to in my self-care has been music. Whenever I have time to myself, music helps me express emotions, cry, laugh, or become angry. Music helps me get outside of myself so I don't carry all the residual stress or emotion surrounding me. One of the best ways is to listen to some classical music, or even trending pop music—and remember, silence is a sound, too. There is much you can gain from sitting in silence.

MUSIC

Listening Mindfully to Music

Federico Mendez's Self-Care Practice

A love of music was instilled in me since an early age, and I have a trained ear for music and its flow. But you don't have to be the next Beethoven to enjoy the benefits of listening to music or to incorporate it as a self-care activity. Music, in and of itself, is a language. You can listen to music from every part of the world. There is music when you turn your car radio on, walk into a restaurant, or step inside an elevator. There's music at baseball games, football games, and many other venues where people congregate. We are all surrounded by music in all its forms.

One thing that helped me appreciate and incorporate music in my life was being mindful of every note and phrase of the song "Air on a G String" by J. S. Bach. Try listening to this song in a quiet, serene area without distractions. As you listen, imagine taking a step with each new note on the bass strings. Left, right, left, and right. Imagine walking on air and feeling light and weightless. Plug in your earphones and listen while walking in the park. Immerse yourself in the lyric of the bass string and feel the sway of the melody as you move through space, taking one step at a time. This is the best way to take in the music.

As you listen to other kinds of music around you, how can you embody these through your being? Can you feel the vibration of the bass, the drums, the strings, the trumpet? Do the hairs on the back of your neck or across your forearms get goosebumps? This is your body letting you know you had an emotional reaction to the music—whether sad, depressing, angry, happy, or elated. Music stimulates the vagus nerve, and this gives us a "gut feeling" that helps us tune in to our emotional reactions and access our intuition.

About

Federico Mendez, LMFT

Federico Mendez is a Licensed Marriage and Family Therapist who brings a unique perspective to his therapy practice. His experience with Spanish-speaking and LGBTQIA2S+ populations has allowed him to specialize in issues that are often underserved in the therapy community. Federico's therapeutic approach is based on building and strengthening intimacy within oneself and with those around them. He is dedicated to helping clients develop a deeper understanding of their emotions, thoughts, and behaviors to improve their overall well-being.

Federico's extensive training in Gottman Couples Therapy, Emotionally Focused Couples Therapy, and Bowen Family Systems Theory has provided him with the tools to effectively work with couples and families dealing with a variety of issues. He is also experienced in working with individuals dealing with anxiety, depression, addiction, marital conflict, family dynamics, "coming out," grief, and sex therapy.

Federico founded Intimacy Counseling & Consulting, PLLC, in 2020, where he provides a safe and welcoming space for his clients. He is currently pursuing a Ph.D. from Texas Woman's University in Denton, Texas, which will further expand his knowledge and expertise in the field of therapy.

As a first-generation Mexican American born to Mexican parents, Federico's upbringing has given him a unique perspective on life. His experiences growing up within the Catholic Church while coming to terms with his sexual orientation have provided him with a deep understanding of the adversity that many marginalized communities face. Despite these challenges, Federico's drive and determination have allowed him to succeed academically and professionally.

Federico's passion for helping individuals and families improve their relationships and overall well-being is evident in his work. His dedication to his clients and his community has made him a valuable asset to the therapy community.

Four

Digging deeper

by Anastasiya Jenkins

I grew up in a big city in Russia, a place filled with rich culture and history. Growing up, I was blessed with opportunities to be well educated, cultured and inspired. Unfortunately, I was also exposed to many traumatic experiences. Because of these traumas and the lack of consistency in my life as a young child and a teen, I had to build resilience and coping strategies. Now, as an adult in my thirties, I realize that my culture provided me with a built-in self-care routine and a sense of community—but also with fractured attachment patterns and shaky boundaries.

From the time I was born until I was about six years old, my household was stable and secure. I lived with my stepfather (I just call him father), mother, brother and grandmother; we were a happy family unit even though I now realize we were a low-income family. My childhood household functioned in a fairly structured manner, like a well-oiled machine. Each family member put in an equal amount of work, and each family member brought a piece of joy. Without each unique individual, our family would be fractured. When I was six years old, my grandmother passed away in a hit and run accident, and we felt the loss heavily. So much so that it completely destroyed our whole household, and things were never the same. When my grandmother passed away, my mother started to drink and eventually became sick with the disease called alcoholism. My father took my brother and left. I was eventually placed in an orphanage, and the parental rights were taken away from my parents. I will forever be thankful that my first six years of life were filled with joy and love, because it made such a positive impact on my development. Unfortunately, or fortunately, the events after my grandmother's passing made me grow up fast and taught me to become self-sufficient.

My life in the orphanage was good. It wasn't like the movie *Annie*; it was more like a co-ed boarding school. In the orphanage we had a disciplined routine. Wake up at 8:00 a.m., make the bed, eat breakfast, and then go to class. After school we would have about an hour of free time, then we did homework together, then dinner, household chores, and time for bed. This was the structure I lived out for seven years. One of the things that being in the orphanage taught me was that everybody has a story, and everybody has kindness in them. All the kids I lived with, which was about a hundred kids, came to the orphanage for one reason or another. They had all the reasons in the world to be mean and mistrusting, but they chose kindness and relationships instead. I got along well with upperclassmen and younger kids alike. During those seven years, my classmates became my family. Just like any family, we loved each other unconditionally, but also we were very dysfunctional together. In hindsight, I think we were trauma bonded, and we took on the roles of parental figures our classmates may have missed out on.

When I was almost sixteen years old, I was adopted by wonderful parents from the United States. My adoption story is a story for another time; the important thing is that my parents showed me a lot of love and support during my teen years, and that played a huge role in building my self-esteem. My parents also took me to church, which is now one of the biggest parts of my life and heavily contributes to my self-care practices. My mom and dad taught me life skills, such as how to cook and how to take care of my car. And most importantly, they both modeled to me what it looks like to be a good friend and to be there for people in a time of need.

I tell you my story because I strongly believe that our relationship to self-care is rooted in our life experiences. In the first twenty years of my life, I learned so many important lessons that now play a role in my daily self-care routine. For example, in the early years of my life I learned to take care of my house by cleaning my living space well. I learned the importance of finding joy in simple pleasures, to find contentment in connecting with loved ones rather than from materialistic things. From my time in the orphanage, I learned self-control, the joy of being outdoors, and how to have fun. From my later teen years, I learned the importance of connecting with others, showing empathy, and leaning on my faith in times of trouble and as a source of rest and community.

The first time I heard the phrase self-care was when I was working at my first job in hospice. I didn't really know what that meant, but once I learned the definition, I started thinking about what it meant for me specifically. It's been almost ten years since that time, and I have been able to create a solid foundation in taking care of myself, but there is still more I'm working on. Right now, I'm learning about my attachment style and how it impacts my everyday connections with people. I'm learning how my attachment patterns impact my love language (both how I show love, and how I receive it). I am discovering that there is so much more work to be done to grow toward secure attachment. My "fearful avoidant" attachment style makes me want to keep people at a distance sometimes, and withdraw when I feel anxious or vulnerable—and I'm working on that. It's complicated, because I want to be close to people, yet my internal voice tells me to be cautious with every person I meet. As a result, I'm very bad at first impressions, and it takes longer for people to get to know me. The good news is that it's never too late to learn something new or change one's life for the better. Acknowledging an area of growth is step one; doing the hard work to get there is step two. There is always a choice to move forward or to stay complacent.

My current self-care practice is focused on a few different areas, including personal care and rest, seeking connection, and setting boundaries.

My personal care routines include making my bed every morning and keeping my living space clean—these things help me keep my mind clear. I try to make sure to eat three meals per day, however most days breakfast doesn't make the cut (only coffee). This year I implemented regular exercise into my routine, three times per week in any form (walking, gym, yoga at home, sports, etc.). I take regular showers and maintain my general hygiene—that may sound odd, but it's easy to skip a shower or not put makeup, and I've noticed I feel happier and more confident and when I'm clean and look good (for myself). I also make sure to get at least seven hours of sleep every night. Sleep hygiene is another area I'm still working on, mainly my bedtime wind down routine. In addition to sleeping enough, I make sure to get plenty of rest. Every person has activities they find restful: for me, it's a combination of socialization and alone time. My quiet time is necessary for my mental health, and I typically spent it outside.

Another important part of my self-care practice is building connection and community. I love people, so this is my favorite form of self-care. I try to maintain friendships and spend time with those I love once a week at a minimum. My weekends are typically filled with social activities; this fills my soul. There is something about this sacred time when you get to build connections with people you love and trust. You can laugh and cry together, living life and going through the ups and downs as they come. As I mentioned earlier, my faith is very important to me. It is part of my community and my peace. I go to service on Sunday, spend time with girls in my community group during the week, pray, and read the Bible.

With so many different people and activities in my life, I've found it's important to set boundaries. I only say yes to activities that I know I will enjoy. This one took some time to make a habit, because I didn't want to miss out on things or disappoint people. But with time I learned that I'd rather not be miserable due to being overextended. Now, when I say yes to activities, I know I can be fully present and that I'll have fun with those I love. Keeping this boundary serves other people as much as it does myself.

Another boundary that's near and dear to my heart is to keep my work life and personal life separate. Once I leave work, I don't think about it or do it. I never bring work home, because my house is my sacred space. If I must bring my computer home with me, I keep it in my briefcase in the living room closet, never in my bedroom. I learned during the 2020 lockdown that blurring the lines of work and personal life had a very negative impact on my mental health, so I will not compromise on this.

4

SLEEP

Build a Self-Care Practice That Works for You
Anastasiya Jenkins's Self-Care Practice

Self-Care needs to be tailored to each individual person. If your self-care activities aren't truly restful and recharging for you, if they don't help you connect with people and maintain healthy boundaries in your relationships, they'll just be one more thing on the to-do list.

It's okay to start with lots of possibilities, then narrow down. Think about the kinds of activities that make you feel most alive, most joyful. For inspiration and to refine your ideas, try an online self-care checklist: go through it, see what you can build on, then add more ideas based on your self-assessment. When you're ready to choose and prioritize some self-care routines, it can help to keep a few core areas in mind. The big three for me are sleep hygiene, connection/community, and boundaries.

No matter who you are or what kinds of self-care routines you like best, sleep hygiene is a must. I cannot emphasize this one enough: good quality sleep is essential to a person's overall well-being. If you want to learn more, I recommend reading *Why We Sleep: Unlocking the Power of Sleep and Dreams* by Matthew Walker, PhD. This book shows how sleep supports our memory, decision-making abilities, emotional regulation, appetite, and even our immune system. Walker explains how proper sleep hygiene can improve not just physical health, but also mood and energy. And he details action steps you can take to get a good sleep every night.

Another core area of any self-care practice is connection and community. When reflecting on which self-care practices might strengthen your relationships and your sense of community, remember: we are social beings and we need community. (Notice I didn't say we want it—we need it!) To take stock of your relationships, consider creating an ecomap (you can Google "ecomap," or find a social worker to help you). This exercise can help you figure out which people, communities, activities, and organizations you feel most connected to, and which are most supportive of you. Another resource on this topic is *Find Your People: Building Deep Community in a Lonely World* by Jennie Allen.

When evaluating your relationships and connections, if you're curious about your own attachment style, you can Google a free attachment style assessment; I would also strongly encourage you to find a therapist who is trained in trauma-informed attachment work. It's always better to work with a professional when trying to uncover parts of yourself that may require deep exploration or discovery, or something that may stir up strong feelings and emotions.

Another part of cultivating supportive relationships is to make sure they work for you and respect your values and boundaries. For more resources on boundaries, consider reading *Set Boundaries, Find Peace: A Guide to Reclaiming Yourself*, by Nedra Glover Tawwab. This book offers a great overview on what boundaries are, how to set them, and what they can do for your relationships. There's also a companion workbook, *The Set Boundaries Workbook: Practical Exercises for Understanding Your Needs and Setting Healthy Limits*.

There are tons of self-care activities out there, so the goal is to establish a self-care practice that really works for you. I hope that by keeping my "big three" in mind—sleep and rest, connection and community, and boundaries—you'll create a strong foundation and add to it over time.

ANASTASIYA

About
Anastasiya Jenkins, LMSW

Anastasiya Jenkins, a compassionate professional, holds a Master of Social Work degree from Texas A&M University–Commerce. Her licensure marks her commitment to the field as a Master Social Worker, and she also holds certifications as a Financial Social Worker and Trauma Professional. Anastasiya's true passion lies in providing steadfast support and encouragement to individuals on their healing journeys. She is a fervent advocate for attachment-focused trauma-informed care and cultural competence, recognizing their pivotal roles in the recovery process. With an adaptable and open-minded disposition, she embodies the spirit of lifelong learning.

Currently, Anastasiya serves as a Maternity Support Specialist/Counselor, leveraging her expertise in perinatal mental health, adoption, and trauma work to assist and guide others. In her previous role as an advisor at a long-term residential program for women and children, she conducted comprehensive intake assessments, developed individualized goals and long-term case plans, and made weekly adjustments to these plans. She also played a crucial role in financial guidance and overall advocacy for program participants.

Anastasiya's dedication to continuous growth led her to complete the Equity Network Social Change Ambassador Certificate in 2021. This seven-week program, offered by the American Association of University Women, focuses on fostering inclusivity and equity in workplace practices. It also facilitates networking opportunities with social change-makers nationwide.

Part II

Make Time For Yourself

FAMILY EXERCISE

GET CREATIVE

Five

A Mother's Guilt

By Marylou Ramirez

Being a Latina I was raised to believe that mothers are the ones who take care of the house and family: we are to cook, clean, be housewives and also raise the children. From what I could see, mothers were not allowed to take a time out, and mothers did not get days off. I remember that while I was growing up, my mom was always on the go go go! It was as if she never stopped moving. There are four of us, and we are all a year apart. My mom was the one who always cleaned, cooked, and made sure we were dressed, so when my dad would come home, we were ready to go run errands or go out to eat dinner as a family.

I remember one time my mom was attending to one of my brothers, so I took a knife and cut an orange. Welp! Next thing I knew, there was blood everywhere, because I cut my finger. My mom freaked out and she started bawling her eyes out. That's when she realized she needed a break. She did not need a break from us—she needed time to slow down and take a pause. She was moving a hundred miles per hour to make sure we were getting everything we needed on a daily basis, and she forgot about herself.

Now that I'm a mother myself, I struggle with the same problem. At times there aren't enough hours in the day to stop, and at times it feels like I can't even breathe. Being a mommy requires so much love to give, and so much time—which can make it impossible to even use the bathroom alone!

There's one day I remember well, and when I think about it, my guilt kicks in. It was a typical Tuesday at our house. There were toys everywhere, and my toddler was yelling because he wanted to play in the water, while I just needed a minute to use the bathroom. At times the bathroom is so quiet and I just want to sit there and enjoy the silence. I remember all he wanted to do was turn the water on. The water was the coolest thing in the world for him at that moment. But not for this mama—I was exhausted to the max!

I probably sounded like a monster to Mr. Sweetface as I yelled, "NO!" It is also at that given second I learned that I was a tired mama who just needed a moment for a time out. It was just water—no big deal. If I would have taken ten seconds to just play—and even add soap!—and things could have gone differently. Instead, I had a toddler yelling murder who then set off his little sister, so she began yelling murder, and it all turned into chaos!

I am a mama who is still learning. I tell myself, "I have two babies, I should be a pro at things—especially when it comes to being a mama!" Ha ha, yeah right! As I reflect on that moment, I ask myself, What could I have done differently? I can look at it as a learning experience and learn to ask for help.

Self-care is very important as a mother and a wife. In order to give that love to both children and spouse, I have to first be able to take care of myself. But how can I find time to care for myself? When I do something for myself, I begin to feel guilty because I could spend that time with my children or my husband. I have to remind myself again that I can't be that loving wife or that nurturing mother if I don't also take care of myself.

No one should feel guilty for taking care of themselves. But I've found that sometimes self-care is really hard to fit in! I started going for a walk each day, for fifteen or thirty minutes. I used to want this time only for myself, and I would feel good after I would go for a walk. It was good for me physically and mentally, and in the aftermath, I felt like I accomplished something during the day. But then my toddler started screaming again: "I want to go with my mom!" So I started taking my children with me on the walk, and I noticed it was fun! It is fun pushing the stroller for fifteen minutes, and sometimes it even leads to twenty-five minutes. During that time I'm engaging and bonding with my children—and that's time with them that I will never get back. At the same time, I'm allowing myself to release the stress from the workday.

Now when I need a time out, I often turn to my mom for help. Even though my husband is always willing to help, I have noticed that I often decline and tell him "I got this," when in reality I am losing my mind! I want to work on asking for help and accepting help more often.

I often ask God to help me be the person He created me to be! That literally takes me a few seconds to say those words. I've learned as I continue to say those words daily that my heart feels at peace. I have two beautiful children who I would give the world to, if I could. I love them with every ounce of my soul. And I have learned to live and be in the present moment, to turn off my phone when watching *Encanto* or *Toy Story* for the billionth time and just enjoy those smiles that make a bad day turn great in a second.

GET CREATIVE

Get Creative With Your Time

Marylou Ramirez's Self-Care Practice

If you're a busy mama like me, I encourage you to take a time out. It is more than okay! Ask for help when in need. It won't make you less of a mama! It is okay to take a time out and reflect on your day. Write in a journal, read a magazine, or even bake a cake! Baking a cake can be enjoyable for self-care. It gives that feeling of a full tummy after taking a bite of a delicious cake! And it also gives that feeling of accomplishment, and when you have a toddler asking for more cake or saying, "Mmm, qué rico, mamá." It gives your heart that warm feeling.

I encourage you to take fifteen or twenty minutes out of your day to do something you enjoy—whether it's going for a walk or even just sitting outside and enjoying some fresh air. What can you do for yourself to give you that comforting feeling of "I'm doing something I enjoy"?

And remember, self-care should not make you feel guilty! If you are feeling depressed, overwhelmed, or tired, take care of yourself. Take care of yourself so you don't feel that empty feeling inside. At times it may seem like you are taking care of everything and everyone else, because it may feel like that is all you can do, but don't forget about yourself.

About

MARY LOU

Marylou Ramirez, MSW

Marylou is a dedicated social worker who is fluent in Spanish, and she is committed to serving the Hispanic community in a culturally sensitive manner. She earned her Master of Social Work degree from Walden University and her Bachelor of Science degree in Child Development from Texas Woman's University. Throughout her career, she has gained extensive experience working with various populations, including immigrant and refugee families, in roles such as Family Intervention Specialist, Early Childhood Intervention Specialist, and bilingual social worker.

Currently, Marylou is working as a bilingual McKinney-Vento social worker, where she is dedicated to helping children and families who are experiencing homelessness. In her role, Marylou is responsible for providing support and resources to these families, including assistance with housing, food, clothing, and school supplies. She also provides counseling and emotional support to help these families cope with the challenges they are facing.

Marylou is passionate about building bridges between families and helping individuals and families move forward. She believes in taking a strengths-based approach to her work, and she is committed to empowering her clients to achieve their goals. Marylou is also trained in trauma-informed care, crisis management, and cultural sensitivity, which allows her to provide the best possible care to her clients.

In addition to her work as a social worker, Marylou is an advocate for social justice and equality. She is committed to breaking down barriers that prevent individuals and families from accessing the resources and services they need to thrive. Marylou regularly participates in professional development opportunities to stay up to date on the latest research and best practices in her field. She is dedicated to making a positive impact in the lives of those she serves and in the community as a whole.

Six

Me-Time

By Dr. Leti Cavazos

"Do you want to go to work with me tonight?" my mother asked. She worked as a grocery store overnight stocker. This was the first job I remember my mom having. Before then, she was home with us three girls. She would always take us to our activities, hauling us from ballet to piano lessons and then to Girl Scout meetings. There was always so much to do, and she kept us organized. My mom also was in charge of keeping up with the house and making sure we went to church every Sunday. I don't remember my mom ever taking a day off from her duties as a mom and wife.

When my younger sister was old enough, my mom decided to start contributing financially to the household. She worked small jobs here and there, but never anything permanent—until one year, when I was in middle school, and we had just moved to a new place. This meant a new school, new friends, and now a new dynamic at home.

I jumped at the chance to go with my mom to work. I loved spending time with her. Seeing my mom at work was a mixture of pride and concern. I didn't understand how physically demanding her work was. It was hard labor picking up the cases of canned goods and making sure each can was perfectly placed on the shelf. She got paid by the case, so the more she could do, the more she would make. She would ask my older sister and me to come to help her every once in a while. What little we could do would help her get more work done, and she'd make more money. I would look at her and think how strong and capable she was. I loved hearing her talk to her coworkers. They would make the night fun, and I was so proud of her. She didn't make it look like strenuous work—it all seemed so easy for her.

I remember one specific night, helping her with the baby food jars. Somehow the heavy box slipped out of my hands and crashed to the ground. There was broken glass and pureed food all over the concrete floor. I felt so bad. I stood there with tears forming in my eyes, and I looked over at her, waiting for her response. I knew I had just cost my mom some of her hard-earned money. My mom was gracious and said, "It's ok, mija. Let's clean it up." I can't recall if she had to pay for that case, but it left me realizing how important it is not to make mistakes when working.

I don't recall my family ever stressing about money or feeling like we were going to do without, but from that memory on, I never saw my mom stop working. She always worked hard at her jobs and came home to care for my father, the house, and us three girls. I unintentionally learned that serving others is the role of a mother and wife; you work hard—harder than you can physically stand it—and then go home to take care of your house. I internalized this message more than I believed. This was my life as I navigated broken relationships and raised two children alone. I worked long, hard hours and then came home to take care of their needs. There wasn't a day off; there wasn't a break to rejuvenate and fill my cup. This was my life for almost thirty adult years.

When I became a mom at nineteen, the shift in my brain was almost automatic. It was time to be self-sacrificing and take care of my son. This meant doing whatever I needed to do to take care of him. After all, wasn't that what all good Latinas did? I can't even remember having a choice of working or not working. I immediately started trying to figure out what I needed to do to improve my life for my child. Do I need to work harder or change careers? Do I need to go to college or trade school? There were so many thoughts, but not one was a calm voice telling me to slow down and take care of myself. There was no "Mija, take it easy. You're working too hard." I don't think anyone in my family has ever heard those words. At least, that's not what I saw watching my mom, grandmother, and other female relatives.

No one ever shared with me this secret practice of self-care. I had no idea what that meant. It was not in my vocabulary, and I had never seen anyone in my circle practice self-care. I had no idea what it meant to have self-love in a way that YOU made yourself a priority. It wasn't until I was in graduate school that I started to hear about self-care.

For perspective, let me share that I was in my forties when I attended my graduate program. I was a mother of two, and I had been single for about ten years. I had tried to raise my children the way my mother raised us, running from activity to activity to ensure the kids were "involved" while trying to work full time and attend college part time. There were a few breaks here and there when the kids would go with their father for a weekend, but to me, that was the perfect opportunity to do a deep house cleaning—right? And on the very few occasions that I had nothing to do, well, that was being lazy.

It was always a big joke amongst my family and friends that I was always running late, but the reality was that I was trying to accomplish everything I had to do in twenty-four hours, and sometimes things just didn't fit. As a result, any little hiccup—such as traffic, bathroom breaks, or running late from the last event—made me late.

So imagine my surprise when my graduate school professors talked about the idea of filling your cup before you can fill others' and said that You can't be good for others if you aren't good to yourself. I wasn't even sure if we were speaking the same language. I couldn't wrap my head around this concept of taking time for yourself, much less prioritizing yourself. I couldn't even begin to think about what to do with time if I had it.

I have to admit that the journey to self-love and self-care hasn't been easy. Learning to care for me has been a process of unlearning the things I thought I knew. Self-care is the opposite of self-sacrifice. It is loving yourself enough to say no when your calendar is already full. It is choosing not to put others' needs before your own. This is counter to what we learn as little Latinas, but it doesn't make us any less strong as Latina women. In fact, the more you take care of yourself, the more you are able to give back to your family, community, and the world.

My imperfect self-care practice is to pencil in time for myself on my calendar. As a business owner and social worker, it is easy to fill all the open spaces with appointments and not have time to breathe in between. When days like this happen, I realize that I'm back to my "never-on-time" days, with too many commitments and not enough hours. I can feel myself getting overwhelmed and anxious on these days.

I have enough self-awareness to know that I'm a visual person, and when I see open spaces on my calendar, I feel like I need to fill them, or I'm not working hard enough (more of those old messages). So instead, I fill them with me-time activities such as *take a nap* or *have a cup of tea*. Visually, it looks like a full schedule, but in reality, it is sprinkled with little breaks and opportunities to exhale.

My goal is to get to a point where I can pencil in weekends for myself. Not just pencil it in, but put it in INK! Imagine that, blocking off a whole weekend in ink just for me. Ink makes it permanent, so it cannot be moved or rearranged for anyone or anything. I must admit, that sounds like a combination of selfishness and bliss.

Herein lies the lesson: your self-care practice doesn't have to be perfect, and you can take baby steps towards it. We learn so much from our elders, who modeled what we should do as adults, but most of them didn't realize they could slow down and take a break. They didn't know that it is okay to not work all the time, and that they would be better for themselves and their loved ones if they took a moment to enjoy the scenery of life. Whatever taking a moment for yourself during the day looks like, do it with intention. Put me-time on your calendar in INK, and remember that it is a non-negotiable appointment for you to exhale.

ALONE TIME

Schedule Me-Time

Dr. Leti Cavazos's Self-Care Practice

When you look at your calendar every day, what do you see? Sometimes when we look at our schedule, it looks overwhelming, with back-to-back meetings or appointments. Sometimes we see big gaps of unscheduled time. To start incorporating me-time, it's important to see these gaps as opportunities—opportunities to prioritize you.

1. Pick three to five activities that bring you calmness and rejuvenation, such as listening to your favorite music, drinking your favorite hot beverage, or going for a walk around the office.

2. When you see blocks of open time in your schedule, choose one of your favorite activities that will help you de-stress and ground yourself for those available minutes.

3. Be intentional about sticking to the schedule. Don't allow your inner voice to guilt you into moving or scheduling over your sacred time.

4. If you end up moving your me-time, give yourself grace. Your practice won't always be perfect. It's a growth journey with hills and valleys.

5. If you are in an environment without control over your schedule, take advantage of your breaks. Try to be intentional with how you spend your time between working hours, while driving to and from work, and after everyone is in bed. Take advantage of any free spaces in your day.

The practice of prioritizing ourselves might not be in our comfort zone. It might be so far outside our comfort zone that we may fight to stay in the comfortable, familiar, self-sacrificing space. I still catch myself feeling guilty when I have downtime, and I notice myself trying to find new projects to ensure I'm working hard enough. I have realized slowly that working hard is ingrained in us, but we should also enjoy the fruits of our labor. We are working hard to appreciate life, and every time we make time for ourselves, we are telling ourselves that we are valuable and worth the time—in ink.

About

Dr. Leti Cavazos, LCSW

Dr. Leti Cavazos is a highly accomplished individual with a diverse skill set and extensive experience in social work. As the Founder and CEO of the Cannenta Center for Healing and Empowerment, she has been instrumental in promoting healing and empowerment among marginalized communities. Dr. Leti's commitment to social work is further reflected in her role as the Founder of the Cannenta Foundation, which focuses on providing support to vulnerable populations.

Dr. Leti's educational background includes a Doctor of Social Work degree from the University of Tennessee, where she specialized in Clinical Practice and Leadership. She is a Licensed Clinical Social Worker (LCSW) and has completed advanced training in trauma therapy. Her research study, "Assessing the Characteristics of Male Victims of Domestic Violence Experiencing Homelessness," is a testament to her dedication to understanding and addressing the unique challenges faced by disadvantaged groups.

Dr. Leti's expertise in trauma therapy has enabled her to develop culturally adapted evidence-based modalities that cater to the specific needs of minority populations. Her work has had a significant impact on the field of social work, and she has been recognized for her contributions to the profession. In 2020, Dr. Leti was named one of the Top Ten Dedicated and Deserving Social Workers by Social Work Today, a prestigious honor that acknowledges the dedication and hard work of social workers who make a difference in their communities.

Dr. Leti's passion for social work is further demonstrated by her efforts to help establish the first male domestic violence shelter in Texas. Her innovative approach to addressing social issues has helped countless individuals who may have otherwise been left without support. Her work has been featured in numerous local magazines, which is a testament to the impact she has made in the community.

Dr. Leti Cavazos is an exceptional social worker whose expertise and commitment have made a significant impact on the lives of many individuals. Her work in trauma therapy, her dedication to supporting marginalized communities, and her innovative approach to addressing social issues have earned her widespread recognition and respect in the field of social work.

Seven

¡Valórate! Know Your Worth

By Crystal Gonzalez

I was an eighteen-year-old Latina when I first discovered who I was as a young woman. When I started college, I found the need to embrace who I was. I learned that I didn't have to be the perfect first-generation student, on the go all the time—I could just simply be "Crystal." As silly as it sounds now, I recognize that if I would have known then what I know now about myself, I would've probably saved myself from many "breakdowns." I was just learning to blossom into seeing myself as deserving of where I was. I was a first-generation college student at a university, studying what I'd wanted to do all along. I was worthy and capable of having good things, but I did not know it. There were many times when I felt like I didn't belong on campus—not because the people there weren't welcoming, but because I felt as if I was putting my parents through too much by being away. My journey to taking care of myself and loving myself started at eighteen, and it is still in the making.

One night I had a lot of homework to do and I was stuck in the library for hours. I had secluded myself in a corner of the third-floor quiet area of the library, and in my mind, I replayed the conversation I'd had with my mother that same morning. I had vented to her about how I had so much to do, and how, on top of that, I felt bad for having my parents struggle to help me pay for the semester. I recall the crack in my voice and my struggle to hold it together for my mother over the phone. I was confused with the feeling of guilt and a sense of unworthiness. I felt frustrated with my workload, sad because I felt silly for missing home, and I had an overwhelming sense that I didn't belong at a university because I fit in the category of "She won't make it." I didn't have anyone to look to, no one I could ask about how to maneuver financial aid—all because I was scared to admit my feelings. On top of that, I was feeling overwhelmed with being away from home.

After that phone call, I sat back and reflected on everything I had on my plate, and thought about how I could better my circumstances. I determined that I needed to work hard to finish my semester off strong. But I also saw that I needed to work on myself when it came to valuing everything I was undergoing. I had to stop pressuring myself so hard. I was honest about what I could handle and what I couldn't, and I could be equally honest about what I was capable of accomplishing. I replayed my mother's words in my head: "Que pase lo que tenga que pasar, pero tú síguele." I said this over and over again to get through many tough days. Whatever had to happen would happen, and I would keep going.

I faced many days where if it had not been for my mother's words of encouragement when I needed them, I would still be belittling myself. I went home one weekend and my mother and I spent the majority of the time together, cleaning the house, shopping for groceries, getting pedicures, and going thrifting. These were all the things that we used to do when I was still living in the same city. Doing them again with her was like medicine.

I was raised by my mother to help the household stay afloat. My mother, being the sweet woman she is, kept me sane, and as crazy as it sounds with cleaning and running errands, I felt like I was embracing myself in the midst of my stress. I never would've imagined that our usual routine to all our usual spots was what reminded me that I was still me. And that I was getting things done while somehow practicing self-love and self-care. When I moved away to college, all the hard work I was taught to do for myself was what helped me feel that I was essential, worthy, and valued. I felt like I represented all those little girls who once dreamed of going off to a university. It seemed like these things I did were normal because it was what I was taught all along to do, and now I had the load of maintaining my grades to graduate and make my parents proud. My journey to "making it" was no walk in the park. I had to tell myself over and over again: "Love yourself first before you share the love with others." The many pep talks I gave myself to get through exams, presentations, and job interviews still reflect today. There were a number of instances where I would hold back on doing what was best for me because I was fearful of being stuck in my own ways. Those were all lessons that taught me that I really needed to work on my self-esteem.

I can say that they allowed me to appreciate myself and to value the circumstances I never thought I would overcome. I've tried my best to fully take care of my own needs first. In most cases, I struggled with this, because I am a natural "giver" and I often put others before myself. It was my struggle with the term and practice of Marianismo. Marianismo is the concept that women should practice self-sacrifice, that we should be passive and submit to the male figure in the family—which in the Hispanic culture exemplifies itself a lot with husbands and fathers.

My father would always tell me, "You are just too nice and you want to fix everyone. Relax. That isn't your job." He was right, not everyone was there for me to fix, and I would overwhelm myself with the idea that I had to be a hero, or stop what I was doing to make things easier for someone else, or lend a helping hand all the time. Being confident in loving myself required supporting my body, my spiritual growth, and my own well-being. Embracing my culture and learning how to "love myself" was a bit of a battle, since I grew up thinking I needed to be "good" and just roll with the punches. Everything made me think I wasn't supposed to have time to reevaluate my well-being. I came from a background where I needed to get through anything and everything one way or another, no matter the struggle. This can be a positive, but also a negative. It was something I struggled with through my adulthood and teen years. On one hand, I had a mother that supported and listened to my thoughts and feelings, and on the other hand, I had a tough father who had a "serious" personality when it came to feelings. It felt as if he was testing me sometimes, to see if I could handle things. It may not have been the perfect balance, but I managed and learned a lot through it. I didn't want my father to think less of me for speaking out and sharing my opinion, because deep down, even if I felt strongly about my opinion, my emotions followed me and held me back.

Since I was the youngest, and the only girl in the family, I had my own expectations of how I had to be. I figured I had to be tough like my older brothers, and do as I was told. In many Latino households that's a common expectation. You don't question an order; you just do it. Understanding that my voice and opinion mattered didn't come easy, and I mean that, because a lot of my opinions or questions got me in trouble. My mother always said that I was the little "rebel." If my parents said a certain thing, I would have a follow-up comment asking why it was that way. Yes indeed, this did get me in trouble. I remember getting into plenty of little arguments with either my mother or father. In a way I thought I was bold growing up—too bold for my own good. It would leave me questioning why I was that way. Finally, I came to the realization that I was fine the way I was—sure, maybe I needed to step down a little and not come off as disrespectful to my Mexican parents, but I could use my voice in different ways. So, I learned to listen before forming any opinions, I learned to accept my feelings while still hearing others out, and I learned that I could most definitely use my voice as a means to advocate for those afraid to use their voices.

My culture impacted my views in caring for myself and for others. When it came to caring for myself, I knew that I needed to appreciate my mind, my body, my goals and aspirations, and my voice. This meant learning who I was as a Latina, and valuing all I had to offer. My mother would always say, "Quiérete a ti misma." I was blessed to have my mother by my side, teaching me to love myself and take care of myself, fully. Though she didn't fully understand what mental health was, or what it meant to have low self-esteem, she tried her absolute best to make me the confident person I am today. I may have not been explicitly taught how to "practice" self-care every day, but I would use the alone time that I had some nights after school to write in my journal. I was fortunate to have parents who allowed me to write, express myself through sports, and be active in clubs at school. Though much of this was not the norm for first-generation Latinos, my parents did a great job at showing me that all the activities I participated in were important to them. That is why I have come to practice more self-love and self-care now that I am out on my own.

I am a routine person due to my job, so I like to plan out my week ahead of time, and I have routines I do every day for myself. The day usually begins at 6:30 a.m. for me, since my boyfriend works the night shift, and I look forward to spending a little time with him before his sleep. The best practice that I have found works for me is just getting into a routine that suits my "on-the-go" personality. I try to focus on the most important tasks at the beginning of my day, and ease the rest of the day from there.

At the end of the workday, leaving work at work is huge for me. I sometimes found this hard, because I was having trouble separating work with home life since I work from home eighty percent of the time. But I have gotten better at this recently. As soon as the clock-out time comes, I shut the work stuff out. I recognize that as a social worker, my helping personality never shuts off, but we must practice that our wellness matters before anything else. If we are a mess and stressed, how can we help someone else who is struggling? One routine that's really helped with this is to take a walk with my dog at the end of the workday. I know he looks forward to this, and I enjoy the scenery in our historic neighborhood. I have learned to appreciate the neighborhood walks more and more after a long day of client interactions, documentation, and meetings. I like to listen to the wind flow and feel the sun hit my face. In Texas the breeze doesn't always hit the same, but hey, I'm stepping out of my routine and into nature, one of the best healers.

As I wind down for the day, I make sure to turn social media off before bed. Even as I say this, I recognize that I do struggle with wanting to scroll through social media once more before bed—as if it is so important to squeeze one more TikTok video in. But, for our well-being, it is best to disconnect from the outside world right before getting rest for the next day. So, I try my best to practice this as much as possible. I make sure that I unplug and relax before getting into bed. Then, I reflect on the day as I am snuggled in bed, and before I know it, I fall asleep.

Since family is a huge part of my culture, I also devote time to connecting with them, and this helps balance my routine out. I try to spend as much time with loved ones as possible, as a way to disconnect from the madness that happens on the outside. If my world did not have the self-love or self-care it has, I think my self-esteem would be low. I am grateful to have been surrounded by amazing family members, colleagues, and friends who embrace my achievements, support me, and love me—with all my boldness included.

PLANNING

Weekly and Daily Self-Care Routines

Crystal Gonzalez's Self-Care Practice

I hope some of my self-care routines can be helpful to you.

Plan out the week: Spend some time at the beginning of the week planning out your self-care for the week. Prepare for the week on Sunday night. Note in your calendar the things you're going to do to care for yourself. For example, you can give yourself a day or two devoted to cleaning, whether it be an early Saturday morning while listening to "señora" music on high volume, or a little time between meetings to sweep or straighten up. I don't shy away from admitting that I need to clean my space to clear my head before starting fresh on a major task or project. When planning out your week, write in your daily self-care actions, too. For example, you might schedule thirty minutes or an hour a day to get some fresh air outdoors: this helps clear your mind and practice mindfulness. If you have other daily routines, such as a specific bedtime, or a time to stop engaging with social media, note these in your calendar.

Review each day and check off your self-care to-do's: Once you have your week planned out, take some time each day to reflect on how the day went and to review what the following day will bring. Yes, things may come up, and maybe scheduling conflicts will arise, but nonetheless, my motto is, "If I write it down, it means it will happen." Check off your tasks and self-care actions one by one. Your calendar can help you stay accountable to leave work at work and disconnect from social media to prioritize sleep and rest.

Take time once a week to reflect. I have found that journaling throughout the week or at the end of the week is a good practice to reflect on how your week went or how you feel. I think it's important to journal about both the positives and negatives: this helps me keep myself accountable. I am my biggest critic, but offering solutions is what will really get me somewhere. So, any time that I have something to critique, I make sure I can follow it with a solution. I often find myself reviewing old journal entries to better my days. Here are some journaling prompts to start you off.

- Are there times when you could have been kinder to yourself? Write down what happened, and end with a reflection on how you can be kinder to yourself.

- Do you find it hard to ask for help? Do you think this is seen as a strength or a weakness? Write why.

- In what ways do you mask your true authenticity, and why?

- What is one new hobby or activity you have wanted to try? What is stopping you from doing it?

- Write down your best traits and why you think they make you unique. (Boost yourself.)

About

Crystal Gonzalez, MSW

Crystal is a highly dedicated and passionate social worker who is committed to using her expertise and skills to help people in a meaningful way. With a Master's in Social Work from the University of Texas at Arlington and a Bachelor's in Social Work from Texas Woman's University, Crystal has extensive experience working with diverse populations of all ages, including low-income families, seniors, and children, in both inpatient and outpatient settings.

As a fluent Spanish speaker, Crystal serves as a bilingual life coach to help members of the Hispanic community build essential life skills, such as communication, financial literacy, parenting, and career coaching. She is also trained in motivational interviewing, cognitive behavioral therapy, and other approaches aimed at empowering individuals. Crystal strongly believes in a strengths-based approach to therapy and is committed to helping individuals overcome challenges and obstacles in their lives. Crystal also serves as a bilingual Child Health Insurance Outreach Representative and has experience working at the Texas Department of Family and Protective Services.

Crystal is an advocate for mental health awareness and education and works tirelessly to break down stigmas surrounding mental health in the Hispanic community. She is committed to promoting greater access to mental health resources in underserved communities and regularly participates in professional development opportunities to stay up to date on the latest research and best practices in her field.

Crystal is a collaborative and community-minded social worker who is dedicated to building strong relationships within the community. Through her work as a social worker and community advocate, Crystal strives to make a positive impact in the lives of those around her.

Eight

Putting Myself First

By Tanya Moreno

I had never practiced self-care—or even heard about it!—until I started training to be a Licensed Professional Counselor. That was ten years ago, and I was twenty-five years old at the time. I am the youngest of four children in a Latino household and I am first-generation US-born. Being the youngest means I am the closest to my parents, and that's how it's "supposed" to be. My siblings were given a little bit more leniency than I was. It also didn't help that I was hospitalized several times before the age of twelve, due to seizures. This scared my mother to the core. Needless to say, I was sheltered and restricted socially for a large portion of my childhood. I never had sleepovers; I had to be home early, or I was picked up at the end of the evening.

Eventually the seizures stopped at age twelve, but my mom's fears, control, and enmeshment did not. My mom and I found ourselves very attached and dependent on one another all throughout this time, especially following my seizure episodes. Finally, a year passed where I did not have a seizure. I was relieved they were gone. My mom however, felt paranoid, concerned, and obsessive anytime I got sick with a basic cold or flu.

We ended up becoming very codependent on one another. I tried hard to ensure she wouldn't feel bothered, worried, disturbed, or in need of anything. This looked like me always allowing her to wake me up in the middle of the night to check my temperature, even if I wasn't sick, or taking fever medication every time I was sick even if I was doing okay—since this prevented fevers from happening, which is what caused seizures.

When I got into high school, I started driving, and I found myself ensuring she didn't feel alone. I would go everywhere with her or take her to places or run her errands with her, even if she could drive herself. I drove her everywhere, even though she could drive and had a license. I also helped her and my dad around the house all the time. A lot of times it was as if she could never go anywhere alone. I was the only one left in our family home, and I felt guilty, so I went.

My parents are in their seventies today. They were both born and raised in Mexico, while my siblings and I were born in the states. We were brought up with a lot of cultural norms and expectations. As the youngest, it is typical to be the one to stay back, so in other words, you're expected to stay at home, help your parents, and take care of them in whatever capacity they need. I also never left my house to live on my own until I was twenty-four years old, but that was short lived, and I returned home from the age of twenty-five until the age of thirty-two. I think a lot of white American women would laugh at that, or be surprised, at the least. But to be honest, living with your parents in your thirties—even if you can afford living on your own—sounds perfectly normal to me! I learned at a very early age to take care of others before myself, especially because of my mom.

My parents' resiliency, work ethic, and desperate need to survive as immigrants has taught me to not stop. Both of my parents eventually became citizens, and when the opportunity presented itself, they both became business owners. My mom was initially a housewife when she came to the United States, because she was an immigrant and eventually got pregnant with my oldest sister. But before she left Mexico, she'd graduated from college with an accounting degree, and she worked full time, providing shelter, food, and money to her parents and younger siblings.

When I reflect on the way my mom always put everyone else before her, it makes sense as to why this cycle remains. I do see a bit of Marianismo play out between my parents, but this is by default, since my mom knew nothing when she got here, and she left everything back in Mexico. So, naturally, she cooked, cleaned, and took care of my older sisters before she started working here in the US. I will say that as a Latina, I feel fortunate that I did not grow up with a machista Dad. My dad was raised by a single mom, and his dad abandoned him. I'm certain this is part of the reason why my dad was never machista or abusive.

The Marianismo stays consistent, though. Even when my mom started her business, she still came home after work to clean. She still fed us, either by cooking or bringing home food, depending how she felt. But at least she had the chance to be independent and have her own sense of individuality, with no one controlling her.

Although my parents represented resiliency, strong work ethic, and responsibility, they were lacking when it came to meeting their own needs. Survival is all they know, so the concept of self-care or "doing something for yourself" is foreign. In addition, both my parents were the caretakers of their families, as they both were the oldest of their siblings. Therefore, the concept of self-care did not exist.

I believe this is partly how my siblings and I adopted the behavior of putting others before ourselves. Unfortunately, for me that came with disappointment, failure, tribulations, and harm. By this I mean bullying, loss of friendships, and being involved in abusive relationships. I had a hard time as a young kid standing up for myself, and at times, people were harsh—whether I was mocked because of my clothes or excluded by other girls in my class who did not look like me.

As I got older, I had this pattern of serving. I noticed that in order to feel worthy, I paid for a lot of things for my friends when we went out to eat or get coffee. I would also pay for dates with boyfriends—just to be able to do something and have an actual date. If I was the girlfriend with a car and my boyfriend didn't have a car, I would go out of my way to take him to work or run errands. I mean, sounds familiar, right? Over time, this pattern of putting others first was progressive, and eventually it led me to an abusive relationship. The combination of low self-esteem, low self-worth, and codependency patterns made me vulnerable to abusive guys.

To be completely fair and transparent, this pattern of serving also led me to my career choice in the field of human service. I finally got into therapy, which was also a foreign concept. But graduate school and the human service field opened my mind to learning about what self-care even meant.

Since graduate school and counselor training, I have developed self-care over time. Now, I can say I actually know what it's like to take care of myself. And I learned that the patterns and behaviors I was engaged in could actually come to a stop—that I had control in this, and I could set some actual boundaries! Boundaries were also a foreign and new concept I learned as an adult! I finally learned to say "no" when I need to—even to family.

I would be lying if I said I never put anyone before myself anymore. I am not perfect, so there are times where I fall into this pattern. Old habits die hard! But now, if I choose to help others, I don't let it take all my energy, or stop me from being successful and accomplishing my own goals and responsibilities. At some point in my early twenties, I started acting like my dad, and I still do. Even though I was living in our family home, I started doing whatever I wanted and never asking for help, no matter the resistance or disapproval of my family. Yes, this has definitely backfired a couple of times, and that is inevitable. However, it helps me survive and continue.

Today, I make an effort to evaluate whether something or someone is offering me the same energy as I am putting in. If not, I need to let it go or remove myself. In order to do this, I sometimes ask my partner or my mom—believe it or not. (The funny thing is, I think we know how we engage in unhealthy patterns, and therefore, we know how to tell others what not to do. In this way, my mom has been helpful in holding me accountable, even if she cannot do it for herself.) The best part of my self-care has been seeing my relationships improve, with both friends and intimate relationships. I can recognize red flags, and I know what I am willing to accept and not accept in relationships with friends, family, partners, and even coworkers.

8

SAY NO

Energy Inventory
Tanya Moreno's Self-Care Practice

If you find yourself feeling bothered or having little desire to engage with someone or something, it may be time to examine that. Talking to people who love and care about you is one way to explore whether something is serving you or hurting you. Getting their observations and feedback is helpful, especially because sometimes we don't see what we need to see, but they can.

To evaluate whether a particular activity or relationship is working for you, you can weigh the pros and cons. Take an inventory of the time and energy you're spending, as well as what you're getting in return. Here are some questions to consider:

- Why do I hold this relationship?
- Why am I involved in this activity?
- Why do I invest into this or keep investing?
- What, if anything, is this offering me in return?
- How do I benefit from this?

After reflecting, you might find that you want to stop engaging completely with that person or activity. Or, you might decide to cut back on the amount of time you're spending, or to set boundaries that let you engage in a way that works better for you.

About

TANYA

Tanya Moreno, LPC-S

Tanya Moreno is a highly experienced counselor with a demonstrated track record of working in for-profit and nonprofit industries. With a strong background in crisis intervention, case management, clinical supervision, dual diagnosis, and applied behavior analysis, she has developed a comprehensive set of skills that enable her to effectively support individuals with a range of mental health challenges.

Tanya is also a skilled clinical supervisor, providing guidance and mentorship to Licensed Professional Counselor Associates and school interns, helping them develop the skills and knowledge needed to work effectively with the Hispanic community. She is currently pursuing a Ph.D. in Counselor Education and Supervision , further expanding her expertise in this area.

In addition to her work as a counselor and supervisor, Tanya serves as a Multisystemic Therapy (MST) subject matter expert and leads a licensed MST team. MST is an evidence-based intervention designed to help families address the multiple factors that contribute to youth problem behaviors.

Tanya believes in taking an integrative approach to therapy, utilizing a variety of evidence-based therapy modalities tailored to each individual's unique needs. She brings a compassionate and empathetic approach to her work, providing a safe and supportive environment for her clients to explore their thoughts, feelings, and behaviors. Her goal is to empower individuals to improve their personal growth and overall well-being.

Tanya is a highly skilled and experienced counselor who is dedicated to supporting the mental health and well-being of individuals and families in her community. Her commitment to ongoing learning and professional development ensures that she is always up to date on the latest research and best practices in the field.

Part III

Be the Change

Nine

Grandmother's Words

By Mariana Alvarado

"Mija, no dejes que se te caigan las lagrimas." I was thirty-three years old when my grandmother said those words to me during one of the hardest times in my life. The power and the pain behind those words have stuck to me. I've been questioning and I really haven't been able to put into words what that statement has meant to me. I know she said it with good intentions—she wanted to give me strength. But I haven't been able to let the idea go. I wonder if statements like this are behind generational traumas, because of the way we silence our feelings and needs due to concepts like Marianismo. In Latinx communities, it's common for women to silence their voices and self-sacrifice for the greater good of the family.

At times we are faced with so much adversity and pain that no matter what, we have to put our heads up high, suck in those tears, and keep walking proud. But this doesn't mean that we can't feel our feelings, or that we have have to suppress our feelings by hiding and burying them. When we hide our feelings, it causes resentment and we can't process what is going on. That can create anger, low self-worth, depression, and anxiety. To me, self-care is allowing yourself to swim in those feelings—process and cry if you need to, then give yourself grace to come out on the other side and be empowered to keep going.

Growing up, I learned that it was best to be quiet and just be the "good girl." Looking back, I realize that I was being verbally and emotionally abused, primarily by my mother. There was shame in talking about your problems to anyone, and I was basically taught that I just needed to suck it up. I was told that I was being dramatic and sensitive, that I was a crybaby. I realized that there was nobody I trusted—no one I could confide in who would validate my feelings or lived experience. When I tried to say anything to others, it was met with "Ya sabes como es tu mamá" or "Mija, todavía es tu mamá." Basically, they were all telling me my voice didn't matter and that what my mom was doing was okay. So I learned that "love is pain."

As vulnerable as it is to put this out for the world, I write this for the girl who questions love, is unsure what love is, or may have never felt love.

Self-care is:

> Growing up, when your mom yelled at you for her mistakes and responsibilities, self-care was finding a way to still see something good.

> When you were insulted and told you were bad for sticking up for yourself, or when she hit you because you didn't hear her the first time, self-care was sticking to what you were good at.

> When you had to take care of her because she was sloppy drunk, when you had to watch over your siblings because she would just lay on the couch, or when you had to cook, wash your clothes for school in the sink, and hang them to dry in the bathroom so you would have clean clothes: all those times you had to take care of yourself because nobody else would, self-care was learning to survive.

> Mija, you were resilient, and that is self-care.

> You didn't give up, and that is self-care.

> Despite everything, you believed in yourself, even if only a little, and that was self care.

As I grew and healed and worked through my past trauma (and as I continue to work on it), I have learned to love myself. When I was younger, if you asked me if I loved myself, I would have said Yes, of course, but that was probably just the right answer. I had to start prioritizing myself even if that didn't feel right at times. I had to push through those uncomfortable feelings to keep practicing those foreign concepts.

There was a moment in my healing that was insightful and encompassed years of growth. I was new with Cannenta Center and I had a scheduled photo session to get my head shots done. This meant I needed to get an outfit ready. I went shopping and bought a blazer and pants. At the time, it was just another to-do item. It wasn't until I put on the black suit with a magenta long-sleeve blouse that I thought, "I kind of look nice," and I saw potential in what the outfit could represent. This was the beginning of new chapter for me.

As I got in my car to drive to the appointment, all dressed up to start this new adventure, I was feeling nervous—but ready. As I was driving, I started having intrusive thoughts. I was questioning my worth, telling myself I wasn't worthy of this opportunity, that I was just fake and an imposter. How could I get myself into this situation? What the fuck did I know about mental health? I was the cruelest I had been to myself in a very long time. And the thoughts just kept rushing.

I had to use a reframing skill very quickly, because I was ready to turn around and not go to the session. I took some deep breaths to slow down my thoughts and reframe what I was saying. I told myself: *I may not be an experienced therapist yet, but I have career experience in mental health. When Dr. Leti interviewed me, she saw potential in me and wanted to add me on as a clinician—and for now, that's all I need. If it's not a good fit, I will realize that and I can move on later. But I will not deny myself an opportunity because of these inner thoughts that may not even be true.* I faked a smile as I pushed those thoughts and self-doubts out and replaced them with ones that supported me better. Thanks to this reframing, I showed up and took those photos. Looking back, I'm proud that I didn't let those feelings and thoughts deny me an opportunity.

With time, I experienced a moment where I truly—I mean truly—felt self-love. It was such an empowering feeling. I was encouraged to do a speaking engagement during a small pop-up event. They made a poster with my topic and head shot, and it was nice seeing that, but also so nerve-racking. This was going to be my first time presenting out in the community for a real audience, not just to other students, like in school. I had to present twice. The evening came, and I was nervous but committed, and I did my thing. After my first session, one of my Cannenta teammates said "You are a natural!" Overall, I received good feedback.

It wasn't until days later that I was able to reflect on the experience—and that was probably one of the first times I felt proud of myself. I have had a hard time showing myself praise or giving myself credit for any accomplishments. At that moment, I was able to say I loved myself, and I felt a love and appreciation for myself that I had really never felt before. I was able to understand things in a different way. I didn't feel guilty for being "selfish," and I felt a sense of peace. Life hasn't really been the same since, because I have a level of respect and appreciation for myself after discovering how to love myself. I was thankful for pushing myself to grow, for trying to break generational traumas and cycles of abuse, for graduating college, and for all the small steps I had taken to get to this point.

As I continue my growth and healing, here's what self-care means to me now: It means prioritizing my needs and wants to achieve a balance. Setting boundaries so I can protect myself and those relationships that I want to make work. It means becoming a better mother. Self-care is listening to my body and intuition. And my greatest gift would be to learn mindfulness, because in listening to my body, I am able to listen to my needs. That may mean I need a few minutes to decompress and practice a mindfulness exercise before the next task on my to-do list. My favorites are the body scan and simple deep breathing. I use these techniques when I'm feeling anxious, when I need to process my feelings, and when I'm feeling overwhelmed or having intrusive thoughts. Life is life, and there will always be hard days, but with these skills and dealing with my past, a weight is lifting off of me. I didn't realize it was so heavy, because it's all I've ever known.

Reframing Thoughts
Mariana Alvarado's Self-Care Practice

Reframing is simply rethinking, or putting thoughts through a different lens or perspective. If we are thinking a negative thought, our bodies do not know if that negative thought is actually true. Regardless of whether it's true, that thought is causing an emotion, and usually when we need to work on reframing, it's because we are thinking something negative that is making our mind and body go into a fight-or-flight response.

Reframing is a tool that gets easier with practice. As we get better at it, that doesn't mean we will never have intrusive or bad thoughts. It just means that we are equipped to acknowledge what is happening, stop, and reflect. During that pause, we can give ourselves a chance to rethink, find a new perspective, speak kind words to ourselves, give grace, and acknowledge the good or the positive—even in situations that are less than ideal.

For example, if we have a presentation to do and we might not have prepared for it as much as we would have liked, imposter syndrome might kick in and we start doubting our self-worth: *Do I really belong? Am I really good enough? Man, I should've done more and better. Ugh, I'm going to suck. I'm going to be judged.* Those are all things that could possibly start going through your mind, and it starts to feel like the end of the world.

As we reframe, we might stop to acknowledge those thoughts, giving them space to exist but also allowing space for alternatives, such as: *I did the best I could with the capacity I had at this time, and that is good enough. I will try more next time, but I'm not going to minimize the work and effort I've put in now. This is a learning experience, and nobody expects me to be perfect. I will learn and grow from this experience. I know what I need to do to improve, which is not a bad thing. I will survive this presentation and there will be room for more. I might not do as bad as I think. I might have taught someone something.* Those are all ways that we could reassure ourselves and reframe that situation.

Try thinking of an example of reframing, or a situation where you talked yourself into doing something when you were afraid. Then try thinking of a situation where you could have practiced reframing. Both these situations are okay, because we all have to start somewhere. Remember, you're human and deserve grace.

About

Mariana Alvarado, LMSW

Mariana is a dedicated social worker who is passionate about empowering others to overcome challenges, trauma, and daily life struggles. With a master's degree from the University of Texas at Arlington, where she focused on community and administrative practice, and a Bachelor of Social Work from Texas Woman's University, Mariana is well-equipped to help people from diverse backgrounds. As a bilingual social worker, she is committed to using her language skills to make a difference in the lives of Spanish-speaking individuals and families.

Mariana has experience working with various populations in healthcare through multiple roles, which have given her a unique perspective and understanding of the challenges that individuals face. She worked at Parkland Hospital in Dallas as a care coordination assistant, where she helped patients navigate the healthcare system and connect with resources. She also worked as a bilingual case manager for a Medicaid-managed care organization that served individuals with intellectual and developmental disabilities (IDD), adults, and elderly patients in Texas. Currently, Mariana serves as a bilingual counselor at Cannenta Center, where she works to break the stigma around mental health and generational cycles and trauma.

Mariana understands that everyone's needs are unique, and she enjoys working with teenagers, adults, and couples. She utilizes different techniques to support them, including a strengths-based approach, cognitive behavioral therapy, cultural framework, and social environment theories. Mariana believes that the therapeutic process is a collaborative effort, and she strives to create a safe and non-judgmental environment where her clients feel comfortable sharing their experiences and feelings. Through her work as a social worker, Mariana is committed to making a positive impact in the lives of those she serves.

Ten

My Guiding Light

By Hilda H. McClure

Growing up, I always felt a bit different than my family. Although the differences were nuanced and not obvious to the naked eye, I felt like an outsider. I always knew I was deeply loved and included, but I viewed the world so differently than the rest of my family. At times, I felt suffocated from the pressure to do things a certain way, although I couldn't understand why we would do it that way. I felt like a puzzle piece that is part of the right puzzle, but is placed in the wrong spot. It wasn't until I began my own therapy journey that I began to understand what was going on and what was creating some of the distress I was experiencing within my family system.

As a little girl, I used to dream about having a tiny house, back before tiny houses were popular. It would sit on the side of my house with a door through my grandmother's yellow bedroom. This little house would have everything I needed to live—a bed, a microwave, and a bathroom. (Keep in mind, I was about seven years old and had no idea how to cook, and I definitely didn't pick up after myself.) I would dream about living in that little house and coming to my main house when I wanted to see my parents or play with my brother. I could not tell you exactly what my little mind was hoping to get out of living in a tiny house, but I suspect what I wanted was independence. As I look through my life, I can see threads of me trying to assert my independence over and over again.

After school, I loved to hang out in my room, especially as I got older. I would spend hours there watching TV, listening to music, singing, and reading a lot. It was my little oasis. My parents could not discipline me in the same way they disciplined my brother. My brother takes after my dad and he's a social butterfly. If you grounded him from playing outside with his friends, he would be devastated. If you grounded me, I would be perfectly content sitting in my room with my books. I truly loved being alone. In that quiet space, I could recharge, dream, and create. I dreaded performative social interactions, especially when they didn't feel authentic to who I was or how I was feeling. My bedroom allowed for me to be present as I was.

As I got older, I knew as early as the seventh grade that I wanted to move to the US mainland. My plan was to move to New Jersey with my aunt, go to high school in the US, and get into a top university to become a geneticist. At that point, no one in my family had ever left the island. Puerto Ricans have a great sense of pride, and they often cannot imagine leaving the island. My family has lived on the island for generations. Many of my family members have only left a handful of times, which was pretty common for many Puerto Ricans until more recently, due the impact of the hurricanes.

I didn't move in the seventh grade, but I did move to Dallas, Texas when I was eighteen years old to attend college. I am not a first-generation college student, but I am the first to move away from the island. My family was really supportive, but there did seem to be a weight of expectation for me to return to the island. I remember feeling pressured to move back into my parents' home after graduation, and to live there until I got married. The Monday after I finished student teaching, I was offered a teaching position at the school of my dreams. The starting salary was almost double what I would ever make if I moved back to Puerto Rico. I was so proud of myself for getting a job so quickly, but I also felt a monumental amount of guilt for not returning to my island. What ultimately helped me manage and maneuver my guilt was that I knew what was right for me. It was not a decision I took lightly, but I felt peace knowing that I was capable of making decisions that aligned with my own goals, abilities, and desires.

When I was planning my wedding, I made several choices that were unpopular with our families. At times this created some tension and conflict within our families.

After one particularly "rebellious" decision I made, one of my dear mentors and friends, Randy, commented, "That sounds exactly like something you would do." He was not at all surprised by my decision. I could not tell you why at the time, but those words resonated pretty deeply with me. He made me feel seen in a way that I hadn't been previously. Even now, I reflect on those words often. They have served as a healing balm and a reminder that I am empowered to make authentic choices for my life.

It was not until a few years ago that I began to understand how those moments marked me. When examined under the proper light, those feelings and desires were actually revealing important things about me—my value system. The conflicts that sometimes arose from my decisions were not personal; rather, they indicated a clashing of values. In other words, what was important for me may not have been as important to my family or social system. This difference in values easily led to distress, and at times, conflict.

Value-based living involves reflecting on the things that matter most to you, and living according to those values or principles. The truth of the matter is that most of us have a set of standards we live by. We may have gotten these ideas from our upbringing, our parents, our social circle, our religious institutions, or even our mainstream culture. We also may have chosen certain values because we want to show up in the world a certain way. We may not always be aware of how our values impact us, but we are always allowing them to guide us in our decisions.

Whenever we sense an internal conflict or feel uncertain about things, it could be that we are living with dissonance between our actions and values, or even maybe trying to prioritize two or three important values. This can also be true in relationship conflict. If you and your partner are at odds about a particular topic, you may have different values around the topic. It does not mean that either one of you is wrong, but simply your values are different.

For example, one of my core values is authenticity. During my wedding planning process, I continually tried to make decisions that felt true to me and my husband, Anthony. Any time someone suggested something that leaned more towards tradition (rather than what felt authentic to who I am and how I want to show up), I would turn the idea down. We chose not to do the garter or bouquet toss for that reason. On the flip side, we made sure we had great music because we like to have fun and wanted to have fun at our wedding. To this day, the things I regret the most are the ones I chose to please someone else, or things I felt pressured to do out of tradition.

Understanding my values has helped me better understand my own upbringing and this feeling of "otherness" that I sometimes felt within my family system—and that I sometimes feel now within my social system. As I write out those experiences, I can now name what value was being touched on—such as independence, authenticity, and rest. I can also see how my values clashed with my family's culture and Puerto Rico's mainstream culture.

Hispanic culture values its collectivism—it's what's best for the group, not for the individual person. Yet, here I am, trying to move off the island to do things my way despite what may be best for my family system. Often in Hispanic culture, we don't talk about ugly or messy things outside of our home. I can't even tell you how many times I have heard, "But what would the vecinos say if they knew?" This outlook can clash with my value of authenticity. Mainstream American culture values the hustle, which definitely doesn't make space for rest. The inner turmoil or conflict I experienced emerged from a difference in values, not because something was "wrong" with me, or even with my family.

When I started therapy with my current therapist (Lindsay, you are a gift from God!), she would always ask at the end of session, "What are you going to do this week to take care of yourself?" I remember being confused by that question. I mean, I am always taking care of myself—I shower, I eat, and I get myself places. I didn't always understand that she was asking how I was going to refresh myself to live my best life. In other words, she wanted to know about the self-care routines that were ultimately going to support my overall well-being.

Self-care was not something we talked about growing up, especially in a collectivist culture. It wasn't so much about what I needed as much as what was good for the whole family unit. However, I do remember the women in my family being some of the most authentic people I know.

On my dad's side, my abuela and tías never carried an air of pretense about them. My Titi Lizzie wore red lipstick every day whether she was going out or not. My Titi Carmen loved Mickey Mouse and would collect Mickey memorabilia. My Titi Hilda would change her hair constantly, simply out of enjoyment, and she wore bangles every day. And my Abuela Hilda, my guiding light, was constant, predictable, and kind. She was known as the "Mayor of Levittown" because you would find her on her porch most days, and she would lend a listening ear and offer whatever she had available to feed you. She was a staple in her community.

On my mom's side, my Aunt Susie is the most excellent person I know. She did everything excellently from the way she scheduled her days to how she dressed and presented herself. She is also a ton of fun. Some of my fondest (and funnest!) memories are with her. She lives her life boldly and beautifully.

My mom has always lived her life with a tremendous amount of courage. She left her parents' home at eighteen and built a life for herself. When she met my dad, she moved to Puerto Rico and has never looked back. She raised a family in a culture that isn't her own, and she has thrived. She always stands up for what is right even if it will cost her something.

They were living unabashedly according to their values. They made choices that honored the things that were important to them, and it was evident. There was never any chisme (or bochinche in Puerto Rico) about my tías or abuela, because they were exactly who they said they were in our home and in our community. That is value-based living at its finest—and value-based living is the ultimate act of self-care.

When I make choices that align with my purpose and with what's important to me, I often feel refreshed, authentic, and at peace. Are those not the things we want to experience when we engage in self-care? Whenever I make choices that don't align to my values and I begin to show up differently than I want, I start to feel distressed, chaotic, and restless. And are these not the things that we feel when we are stretched thin and stressed?

However, I couldn't begin to practice value-based living until I identified my values. The thing with values is that they can change, or even move in order of importance, which means that I need to reflect regularly on my life to see what's important to me. It takes deep work to recognize that the person you want to show up as isn't popular or easy. Sometimes it may even mean that you have to set firm boundaries with others. I regularly take inventory of my life to see what's working and what isn't. I look for two things: the places I may be holding resentment or resistance, and the places where I feel content and most myself. The places of resentment are often places where I'm making choices that don't honor my values. The places of contentment are places where I'm making choices that honor my values and feel the most authentic.

Now, as an adult, I can look back at my childhood and truly reflect on how I was simply trying to assert my values and honor them as best I could. Sometimes that did lead to conflict within my family system, but in reality, it was revealing something truly beautiful about how I wanted to show up in the world. It was my own effort of self-care to be like the women in my life—to show up in a way that's beautifully authentic to who I am.

These days I am a lot more self-aware about my values and how I want to show up. I use my values to guide my self-care. Whenever I begin to feel burnt out or stressed, I think about where I can lean in as a way to reconnect with myself. I work to honor the things that are important to me. This self-care practice has allowed me to truly find a peace and rest that was often lacking. It is given me a guiding light and has allowed me the space to show up as my truest self.

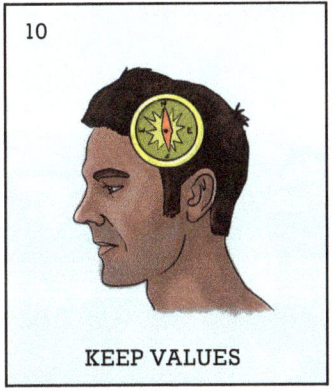

10

KEEP VALUES

Identifying Your Values
Hilda McClure's Self-Care Practice

It can be difficult to identify our values, especially if we are new to the concept. Although there are several ways to identify your values, such as meeting with a career counselor or taking an online inventory, I find that one of the easiest ways to start identifying your values is to think about a moment or a few moments in your life where everything felt "right"—like everything was exactly how it's supposed to be. As you think about those moments, consider what made these memories so special, and what specifically made it feel "right." Write those things down, and notice if any patterns emerge.

Using the list on the next page (or one you find online), pick ten to fifteen words that align with your experiences and feel important to you. Then organize your life into categories: work/education, leisure, relationships, personal growth/health. Under each of those categories, list out words from your original ten to fifteen values that are important to you in each domain. You may find that some categories have a lot of values listed underneath, while others have only a few, and that's okay.

After you have identified your values, reflect on one or two areas of your life where you've been experiencing pain points. Observe if there is incongruence between your values and the situation. Use this information to make decisions that honor your values in those difficult situations. Moving forward, now that you have identified your values, you can use them to make decisions that honor how you want to show up in the world. And when things get hard or confusing, come back to your value system as your anchor, and let your values be your guiding light.

Values

Achievement	Advancement	Autonomy	Balance
Belonging to a group	Building something	Challenge	Compassion
Competition	Creativity	Creating something new	Creating beauty
Creating change	Creating information	Decision-making	Entrepreneurship
Equality	Excitement/risk	Fame	Family
Financial security	Friendships	Fun	Happiness
Harmony	Health	Helping others/serving	Influencing people
Improving or perfecting	Independence	Integrity	Leadership
Learning	Leisure	Listening	Mastering a technique/field
Personal development	Physical activity	Receiving recognition	Repairing or fixing
Respect	Risk-taking	Safety	Security
Self-expression	Spirituality	Stability	Status
Teamwork	Tenacity	Visioning	Wealth
Wisdom			

Questions for Discussion:

- Who are the people you admire most? And why?
- What are your top ten to fifteen values? Which ones do you feel are the easiest for you to live according to? Which ones are harder for you to live according to?
- In what areas of your life do you feel that you are honoring your values the most?
- In what areas of your life are you experiencing distress due to incongruence of your values and the circumstances? How can you move towards more value-honoring decisions in those areas of your life?
- How can you continue to live a value-based life moving forward?

HILDA

About

Hilda H. McClure, LPC

Hilda McClure is a highly accomplished individual who has made significant contributions to the field of counseling. As the Chief Operating Officer at Cannenta Center for Healing and Empowerment and a founding board member at the Cannenta Foundation, Hilda plays a vital role in promoting healing and empowerment among marginalized communities.

Hilda's educational background includes a Master of Arts in Counseling from the Dallas Theological Seminary and a Bachelor of Science in Early Childhood Education from Dallas Baptist University. She is currently a Licensed Professional Counselor (LPC), specializing in working with adults. Her commitment to her clients is further reflected in her training as an EMDR therapist, Somatic Experiencing Practitioner—in—training, and trauma-focused bilingual counselor.

Hilda is passionate about sharing her knowledge and expertise with other professionals in the field to increase their skill set and help others. She has trained and equipped others to serve Hispanic families and understand the acculturation process. Her dedication to the profession is evident in her frequent presentations on child development and psychological theories and modalities for groups of professionals. Hilda is also an Adjunct Professor at Dallas Christian College, where she shares her expertise with the next generation of counselors.

Hilda's commitment to counseling is further demonstrated by her dedication to helping individuals become their best selves. She believes in empowering her clients to overcome their challenges and achieve their goals, and her work has significantly impacted many individuals' lives. Her trauma therapy expertise and bilingual counseling skills have been particularly valuable in serving minority communities.

Hilda McClure is an exceptional individual who has made significant contributions to the field of counseling. Her commitment to empowering marginalized communities, dedication to sharing her knowledge and expertise with other professionals, and passion for helping individuals become their best selves are a testament to her skill, compassion, and dedication.

Eleven

Living Up to Your Potential
By Britany Myers

Finding peace in my home was often a challenge growing up. In those tender years I was exposed to every abuse there was: physical abuse, mental abuse, emotional abuse, sexual abuse, and drug and alcohol abuse. Initially there was "peace," as I was ignorant of the dysfunction surrounding me, as most young children are. That peace was soon shattered and I began a long journey to find it again.

Prior to the exposure to all the abuse in my home—and before I understood that this was not how everyone lived—I excelled. I started school and was at the head of the class. My parents were approached and asked by the school to move me to the next grade early because I was not challenged in my kindergarten class. It was decided that I would move to the first grade with my peers, and if I was still excelling by the end of that year, I would move to the third grade. It was during that school year that my psyche was shattered. Not knowing it was unusual, I told my babysitter's older children about the sexual abuse perpetrated on me by my father. Within hours there were two police officers at the babysitter's house, and I was asked to speak to them. As a six-year-old, I instantly thought I was going to jail, and I was terrified. This was 1979 and psychological trauma was—like me—in its infancy. We were destined to grow up together.

After that initial disclosure, I was sent to groups and therapists and school counselors and clergy for "help." What no one seemed to notice, initially, was that the vibrant little girl who once excelled was slipping. No one noticed until I went from straight A's to failing. And when they finally did notice, what was the response of the adults around me? Support? Circling the wagons? On the contrary, it was derision. I heard the same thing from teachers, therapists, school counselors, clergy, my parents, and even my grandmother: "You're not living up to your potential." What I can say now, looking back, is that they were right. I was the only one who knew the backstory that explained the hurdles in my way, and I was too young to articulate it at the time. And on top of that, the people with the wisdom and resources to help me cope were instead chastising me. Trauma and I continued our perilous journey, a hapless duo. This chapter provides a voice to that little girl, so that others like me will be given the support they need to show their resiliency!

Behind the scenes, what the school did not know was that although my sexual abuse perpetrator had been exiled from my home, the abuse didn't end—it just changed. My mother was only twenty-three, and she had three children: a three-year-old, a four-year-old, and another who had just turned six. She had married my father months before I was born, leaving the home she grew up in to live as a married couple. Faced with the newly reported abuse, she was all alone with three young children. She was now unable to afford after school childcare, so we were sent home after school (at ages five, six, and seven), and we began our time as latchkey kids. I was taught to do laundry and cook dinner by the age of eight, and those things were to be done before mother arrived home. If they were not, there would be a whoopin', or at the very least, shouting and cursing. I remember multiple neighborhood teen girls caring for us in the evening while my mother went out with guys. I remember waking up one night to find that although there had been a babysitter there when I went to bed, there was no one when I awoke. I sat in the dark and cried until my mother came home hours later. This was a vivid snapshot of what my childhood would become—frightening, dark, cold, and often lonely, with no idea of what to do next.

Though the courts had mandated that my father be supervised when visiting with us, it was short lived. The supervision went from my mother accompanying us on visitation, to allowing him to take us to his grandparents' house, to overnight and weekend visits at the grandparents' house, to no supervision at his apartment. At age eight, the sexual abuse began again. My mother, later in my adulthood, explained that allowing this contact reduced the chance of having irresponsible babysitters who would leave us alone at home. She also explained that she felt he had "learned his lesson," and said "He promised it would never happen again." As an adult hearing this, I remember thinking, "Oh, right, because no pedophile has ever said that before?!"

Though the afterschool responsibilities remained, the fact of being left alone at home in the evenings changed when my mother met the person who would ultimately become my stepfather. Family dinner at the kitchen table with my sisters changed, too, as my mother now took a plate into the bedroom for my stepfather and ate with him. My sisters and I remained at the table to eat with each other. The weekends were filled with parties where my stepfather's friends would come over with alcohol and "funny smelling cigarettes," and loud music would be played until long after I was asleep. Then, one day when I was home from school sick, my stepfather sexually assaulted me. I was ten. Though I told my mother about the abuse, she refused to believe me, and my stepfather stayed in the home.

My stepfather and my mother increased their drug use and abuse. My mother resorted to physical abuse when intoxicated, beating me with belts or open-handed blows to my face, bloodying my nose for infractions. It was never clear what level of "discipline" or assault would be administered for what infraction. I remained on guard. Marijuana was grown in my home. Bills were frequently unpaid, so our electricity and water were often shut off. My senior year in high school was spent showering at other people's homes and using the bathroom only at school, because there was no water in our home.

During this tumultuous time, I disclosed again the sexual abuse by my father, and he was arrested and sent to prison. Though this kept us safe, it removed the child support he had paid while he was free. Being at home with my stepfather and mother was not safe. Not only because of the drugs and alcohol, but also because every month, one utility or another was disconnected for non-payment.

Simultaneously, at school, my grades were slipping. My peers, as most of them lived in my neighborhood, knew of the abuse in my house and marked me as "the cootie kid." "Circle, circle, dot, dot, dot. Now I have my cootie shot. No takebacks!" This was the anthem I heard multiple times a day at school from second grade until approximately tenth grade, when our family moved to a new school and neighborhood. In second grade, the school psychologist came and tested me, and determined that there were no cognitive explanations to my failing grades. It was just that I "was not living up to [my] potential". Between the bullying and the judgement I felt from teachers and faculty in my elementary school, school was not safe. I went from the top of my class in kindergarten and first grade to self-contained special education in third and fourth grades, where the emotional support of my special education team allowed me to excel again. But then I failed "mainstreamed" sixth grade, and finally I passed the rest of the grades by the skin of my teeth until graduation.

In early childhood, with no community to keep me safe, where could I find peace? For me, it was the multiple "joy buses" that drove through my neighborhood as a young child. Anytime one would pass through, I would jump on. I knew ultimately I would arrive at a church. I didn't know what denomination or faith it was and, frankly, I didn't care. What I knew was that for those few hours, the adults around me would walk me up Mazlow's hierarchy of needs: They provided for my physiological needs with food, clothing, water. They offered me safety, keeping me away from the physical and sexual abuse at home. They gave me love and belonging, providing a place where I was not the "cootie kid,"—instead, I was a special part of a whole, and I was reminded of this often. They provided esteem, since this love and belonging allowed me to feel free, increased my self-esteem, and identified my value. And they allowed for my self-actualization—the desire to become the most one can be. All of this was what Mazlow would call "living up to my potential."

While visiting these faith communities, I was able to learn the value of having a community. I also developed a support network and learned meditation techniques. I would later discover in counseling that these were powerful coping strategies. I learned how to quiet myself on the inside, while everything around me was in chaos, how to find a safe place within me when everything outside was frightening and dangerous. I loved to write letters to those who were important to me, most especially a teacher in seventh grade who I still keep in touch with. I soon learned that journaling allowed me to get all my feelings out, instead of holding them inside. Journaling took many forms: writing, drawing, painting, stained glass. I realized these forms of release allowed me to gain new perspective and better plan my course. This allowed me to objectively see myself. Once I could see myself, I could celebrate the growth and navigate the challenges.

This journey of self-discovery led to the one tool I now value the most: therapy. My faith community encouraged me to seek therapy. At first, I was resistant, because I'd had unpleasant experiences with therapy as a child. When I first disclosed the abuse at age six, Child Protective Services mandated therapy for my sisters, my mother, and I. I experienced therapy as a place where I was told how to feel and what to do. I was a good student, and I complied, but I didn't get what I needed.

In my early twenties, with some loving encouragement from close friends who were in counseling, I agreed to give it one more try. I started with individual counseling and then got into a group for adults surviving incest. It was a group of about a dozen women, and they were all in their forties, while I was only twenty-one. I was there for three years and I ran the group in the last year. Those women were so loving and supportive, and they were often in awe of how young I was while working through this. Conversely, I was awestruck that they had to wait so long in their lives to be able to process it. The lesson I learned is, therapy works!

Around this time, while reflecting on the maladaptive strategies in my home, I made some decisions. First, I would not have a child until after I graduated from high school, at the earliest. I would not use controlled substances. I had seen the neglect and violence that substance abuse caused. I would go to college and get a career and, ideally, not start a family until after that. I would live up to MY potential ... the one I set for myself!

I also acknowledged at that time that I was not attracted to men, and I was not interested in dating them. It was the late 1980s and early 1990s, and homosexuality was linked in the media to the HIV/AIDS epidemic, so being lesbian was not safe. Also, the faith communities, where I'd often found my peace, were indoctrinating me to believe that if I was gay, God wouldn't love me and I'd go to hell. I'd lived in hell my entire childhood—I was not trying to spend eternity there, too. Further, searching for love and acceptance, the thought of losing the love of my higher power was unbearable. So some of the needs my faith community had helped to fill in my young childhood were beginning to erode. How would I meet my personal goals? How would I become me? Who was I? What is my "potential"?

In college, I was able to find an accepting faith community within my denomination, and now, in retrospect, I believe that's where I hit my Mazlow's zenith. I found a community that affirmed that God is love, God loved me, the community loved me, and who I loved was of no consequence to them or to God—they just wanted me to find happiness, to love and be loved. This community helped me excel in undergraduate school, graduate school, and in my profession. All the while, I continued to take an internal inventory through meditation, journaling, and in my darkest emotional hours, counseling and therapy.

My profession? Well, it's not what I thought it would be. As a young child, I became interested in American Sign Language. I learned it beginning at age eight, and I thought I'd be a teacher to the deaf and hard of hearing community. In my early adulthood, while driving home from therapy, I wondered where deaf and hard of hearing people go for counseling, and whether having an interpreter would affect confidentiality. I thought if I became a counselor I could provide therapy without an interpreter, so I began college as a psychology major. While in school, a friend said, "I think you'd make a better social worker than psychologist." I told her I would never be a social worker. During the investigation of my sexual abuse, my interactions with social workers were underwhelming and unpleasant. She encouraged me to "just check out the program." I did, and within an hour I realized that I was where I should be. I received my bachelor's in social work, then my master's in social work, and I am now a Licensed Clinical Social Worker. I have loved every moment of this self-actualization. I love working with people and sharing the tools I found on my journey through and with trauma. Added to the adventure, is the excitement of learning about new tools to help those who have experienced trauma.

Though trauma was not the traveling partner I would have chosen to move through life with, it has taught me a great deal. It has taught me that I am tenacious. It has taught me that I am resilient. It has taught me that I am intelligent. It has taught me that I am strong. It has taught me compassion. It has taught me acceptance. It has taught me love. Mostly, it has taught me that trauma and I are not on a solitary journey. I have learned that in surviving trauma, there is community. A community with gifts of love, compassion, information, resiliency, and a listening heart.

As a very young child, in the darkest times of my abuse, neglect, and pain, I would say to myself, "Life sucks right now, but that's because God has a better plan for me when I grow up. Life will be better then." That little girl had no idea how true those words would be more than forty years later. I'm proud to tell her—and you—life is wonderful now, and your potential is yours! You set it, and you reach it!

THERAPY

Therapy

Britany Myers's Self-Care Practice

As noted in this chapter, my journey is winding and ever changing. Therapy has been the one constant lifeline I could grab in a crisis. I've found therapy works best for me when I call the shots and choose the therapists and methods that feel right. It's a blessing when you find a therapist you connect with. I keep several things in mind when deciding whether to seek therapy and in choosing a professional to work with:

- Life is full of ups and downs, bumps, hills, and even mountains. When I'm on a hill I cannot climb by myself—when I need someone to hold the other end of the lifeline—I often call on a therapist.

- I see therapists and therapy the same way I see other medical specialists: I don't always need one, but if I don't feel good, I go! I think of therapists (and psychologists, social workers, and counselors) as treatment providers for emotions and feelings.

- I have to remember that my sister, best friend, that sweet lady at church, my neighbor, and my colleagues are not my therapists. They are who they are to me. And the decision to go to therapy is a personal one that can only be made by me.

- I remember that I am hiring a therapist to do a job, much like I would hire an accountant to do my taxes. After the first three sessions, I reflect on how it's going, and if I'm not satisfied, I acknowledge that I can find another person.

- Therapy has helped me learn and access skills that may have gone unnoticed, such as journaling, art and creative therapy, meditation, finding a safe space and a safe community (surrounding myself with supportive people), empowerment, and a way to claim my potential.

- Ultimately, what I've learned is that I take out exactly what I put in. If I go in feeling as if I don't have it in me to work hard, I will not get great benefit from the session. If I go in and bare my soul, I often walk out feeling lighter—less heavy and emotionally more bright.

About

Britany Myers, LCSW

Britany Myers is a Licensed Clinical Social Worker (LCSW) with extensive experience in the field of social work. She holds a Master of Social Work from Texas A&M University in Commerce and a Bachelor of Social Work from Texas Woman's University. Currently, Britany serves as a clinical social worker at the Cannenta Center, where she provides therapy services to individuals dealing with various mental health issues.

Britany is a skilled therapist who specializes in working with youth and adults experiencing trauma, depression, anxiety, and other symptoms impacting daily living or relationships. She also has a passion for working with issues surrounding the LGBTQIA community. Britany is trained in Cognitive Behavior Therapy (CBT), SYMBIS Premarital Assessment, and trauma-focused counseling. As a bilingual English and American Sign Language (ASL) clinician, Britany is also able to provide services to individuals who are part of the deaf and hard of hearing community.

Throughout her career, Britany has been involved in developing and implementing programs aimed at improving the lives of vulnerable populations. In 2002, she helped develop the Safe Church curriculum, which is now known as Safeguarding God's Children, and she provided community presentations related to child welfare for the Episcopal Diocese of Dallas. While working for the Texas Department of Family and Protective Services (TDFPS), Britany co-developed a training with former foster youth and TDFPS employees titled "Discussing a Taboo," that focused on the special needs and the disproportionality of LGBTQIA youth in the child welfare system.

Additionally, Britany has worked for a local domestic violence shelter, where she empowered clients through individual sessions and PTSD resiliency groups and created a Child Protective Services group called CPS101 to give survivors information on the abilities and limits of TDFPS, regardless of the family's current status with them.

Currently, Britany provides services to students in special education at a North Texas school district and is developing an after-school program for at-risk youth in sixth through twelfth grades. She also serves as the director of community relations and education for a crisis management consulting firm that assists families in keeping their children safe.

With her broad range of skills, expertise, and passion for helping others, Britany is a valuable asset to any community or organization.

Twelve

My Self-Love Journey
By Elizabeth Jurado

Growing up in a Mexican household in the United States comes with numerous challenges: From not being Mexican enough to not being American enough. From not speaking English correctly to not speaking Spanish correctly. Like the famous saying says, "Ni de aquí, ni de allá." Finding where I fit in took a while. Slowly, I had to break through generational trauma, start the healing journey, and surround myself with individuals who really understood me. Self-care is a term that I never heard growing up. It wasn't until I started college that I was introduced to it. At first, I didn't quite understand the concept. All my life I was taught to put others first, to obey and not ask questions. To put myself first felt selfish and rude. Little did I know, that was going to be the beginning of my self-love journey, mi camino hacia el amor propio.

Living in the United States, away from most of my cousins, tíos, and tías, I always felt disconnected from my culture. My mother was the only sister who decided to pursue the American dream. I came to the realization that my mother was also lost in a country that she did not grow up in. Connecting with my culture became part of my identity and helped me figure out who I really was as an individual. Filling that emptiness was something that needed to be done for my self-love journey.

I started asking my mother about family traditions she used to do with her siblings in Mexico. Getting to learn about beautiful holidays such as el Día de los muertos, la Nochebuena, and the delicious food associated with these celebrations, made me realize how strong and empowering our cultura is. Reading books like *What Would Frida Do?* by Arianna Davis gave me insight on how to believe in myself and be authentic. Although I felt lost in the middle of two worlds, I knew I was not alone.

As I learned about and embraced many aspects of my culture, I also started to identify some cultural expectations that were taking a toll on me. Even though my mother never shared her own trauma with me while I was growing up, I could see the pain in her eyes. Anxiety, depression, and self-esteem are some of the issues that both my mom and I are dealing with. In Mexican culture, talking about your feelings is perceived as a weakness. Negative coping strategies, such as drinking alcohol, are highly encouraged to help "olvidar las penas." Seeking professional help like therapy can be seen as an embarrassment to the family dynamic. "Why would you tell a stranger your feelings?! You just need a shot of tequila to make the pain go away!" is very common advice among family members.

Being the oldest of three children, there was an unspoken pressure on me as I grew up. I was expected to set the standard high for my siblings and to be the perfect daughter. Without knowing it, my mental health was deteriorating and my self-esteem was plummeting. I didn't realize this until I started college, where I was offered free counseling sessions. Filling out the intake paperwork was a struggle. I immediately started minimizing my needs and telling myself, "I don't need this, I am fine, this is only for people who are really struggling. I am not struggling, I am good." After a few days of contemplating, my first session was scheduled. As I sat in the waiting room the day of my appointment, I could feel the anxiety. I walked into the room where the counselor was waiting for me. We introduced ourselves and I started sharing all the good things that were happening in my life, telling the counselor, "I don't need this, I am fine, this is only for people who are really struggling. I am not struggling, I am good." Then the counselor asked me, "Why are you really here? Is everything actually okay?" In that moment, my shield immediately broke into a million pieces, and I started crying without even knowing why. Never had someone asked me if I was actually okay. She could see right through me, just like I was able to see my mother's pain. After that day, counseling became one of the best investments in my life. It has allowed me to process difficult situations, such as my father abandoning us. It has helped me find my voice, reduced my anxiety, and so much more!

One of the many things I worked on during this time was setting boundaries. Yes, I know, it is easier said than done. Trust me, this has to be established. When boundaries are not placed, people will take advantage of you. As I have shared, while I was growing up it became normal to me to say "Yes" to everything I was asked to do. Even when I wanted to say "No," I couldn't. I felt that I needed to give an explanation as to why. With self-care, I was able to learn to love and adopt the word "No" without feeling some type of way. By saying "No," I have put myself first and enforced boundaries. I have been able to prioritize my well-being and not overwhelm myself with having a lot on my plate.

I recall the first time I said "No" to my mother—the ground shook. The awkwardness in the room grew, and there was nothing but silence. My mother would always depend on me to take her to work, get groceries, etc. Although she had her own vehicle, she was terrified of driving it. Being on the road alone made her feel extremely scared. She would drive if someone was with her, but she could not get herself to drive alone. One day, as I was getting ready for work, she came into my room and said, "I need you to take me to the store now to get groceries, because we will be having company and I want to prepare them food." I was already running late for work, and I knew she could go to the store herself. I told her, "Mom, I can't keep driving you places. Moving forward, my answer will be 'No'." My mother received my answer as disrespectful. Her silence said it all. The following day we sat and talked about what happened. I reiterated that I was not trying to defy her. I wanted her to feel empowered to drive herself wherever she wanted without depending on others. She understood my point and decided to challenge her fear. Although driving comes easy to many, to my mom, it was a huge accomplishment. The day she drove herself to work and back home, we both cried. That was the beginning of my mother facing her fears and being independent. She now tells me "No" when I ask her for a ride.

I also learned that it's easier to enforce my boundaries when I stick to a routine. Using a calendar has been one my favorite items to incorporate with this step. I pick a day out of the weekend where I sit and plan the upcoming week. I prioritize time for myself, doctor's appointments, projects due, paying bills, etc. Once I have my list of priorities, I set up reminders on my phone to keep track of them. With the calendar I also plan my meals for the week. Personally, grocery shopping over the weekend and meal prepping on Sundays works well for me.

We now live in a world where electronic devices are part of our everyday lives. Disconnecting from them is a must before going to sleep. If I find myself scrolling through social media before going to bed, more than likely I will not go to sleep. I have a "Getting ready for bed" routine where I brush my teeth, put on a facemask, and get into my comfy pajamas. Winding down after a long day and recharging my batteries is a key part of my daily routine.

Setting a bedtime is essential to getting the rest my body and mind needs. Rest is a non-negotiable when it comes to self-care. If I don't get the rest I need, my body will force me to take a break, and trust me, it's not pretty. About a year and a half ago, I experienced a panic attack while driving on the highway. I felt that I was going to faint and lose control of the vehicle—at that moment, I was not aware of what my body was experiencing. Thankfully, I was able to get off the road and call for help. Once I was checked by a doctor, they advised me to lower my stress levels and to rest. This is why it is so important to take self-care seriously. It can literally save your life.

During the last phase of my self-care journey, I started to learn what I enjoyed doing besides working a full-time job. Being mindful of my finances, I had to make a list of things that were going to be budget friendly. I found a connection with nature and started exploring hiking trails with my two Boston terriers, Mila and Leo. Going out for walks and getting exercise has helped me stay active and get out of the house. It may sound simple, but walking helps the body destress and get fresh air. I know other people who paint, make music, learn a new language, or pursue any number of hobbies and interests as a way to take time for themselves and focus on something they love.

My self-care journey has been filled with lessons and discoveries. I cannot believe how helpful it has been to put myself first. As I look back, I've identified five steps in my self-care journey:

Paso 1: I had to figure out how to connect with my culture.

Paso 2: I had to face generational trauma.

Paso 3: I had to learn to set boundaries.

Paso 4: I had to establish routines and stick to them.

Paso 5: I had to find hobbies.

I had no idea how much of an impact my own efforts at self-care would make to my family, either. I can proudly say that my mother has been going to counseling, finding her own self-love journey. It is truly amazing to see the chains of generational pain being broken. Never in a million years did I ever think she would consider it. I am so happy she is putting herself first.

12

ENVISION

Envision Your Self-Care Journey
Elizabeth Jurado's Self-Care Practice

If you're not sure where to start, follow the five steps and envision what you'd like your journey to include. You can write this out, create it visually (like a vision board), or just verbalize it to a friend. The questions below will help you reflect on each different step in the journey toward self-care:

- If you are someone that is struggling with finding themselves, have you connected with your culture? What are some ways you can start to connect?

- Have you considered counseling as a way to help with your own self-care? Are there any patterns in your family that you'd like to change or disrupt? Make a list of things you would like to accomplish for your mental health.

- What are some boundaries you can establish to improve your self-care?

- What routines can you create that will allow you to accomplish what is needed for the day and avoid overwhelm?

- What activities or hobbies do you enjoy?

Remember to be authentic and yourself! Society has created false images of what life should be like. Find your identity, try new things, and don't let others stop you from enjoying life. Talk with friends about what you want to accomplish. Support each other and go on adventures.

Self-care is fun, and once you have a grasp on it, you will never want to let go. Always have in mind that you are in control of how much time you invest in yourself. If you are willing to give your all to other things such as work, there's no reason you shouldn't give the same to self-care. Self-care makes you strong. It makes you realize your worth as a person and teaches you that at the end of the day, the only person you need is yourself.

About

Elizabeth Jurado, MSW

ELIZABETH

Elizabeth is a highly skilled mental health professional who has dedicated her career to helping individuals, families, and communities heal and thrive. With a Master of Social Work from Texas A&M University in Commerce, Texas, she has received comprehensive training and developed expertise in various areas of social work.

As a Certified Financial Social Worker, Elizabeth helps clients improve their financial literacy and achieve financial stability. She is also a Save Your Marriage Before it Starts (SYMBIS) Certified Facilitator and an Anger Management Facilitator, enabling her to provide premarital counseling services and anger management support to individuals and couples seeking to strengthen their relationships.

Currently, Elizabeth serves as a Mental Health Resources Manager for Hispanic Outreach, where she provides bilingual resources and support to individuals in the Hispanic Community. As a first-generation Mexican American, she has a deep understanding of the unique challenges and experiences faced by Hispanic individuals and families, and she is committed to providing culturally sensitive support to empower this population.

Elizabeth's professional experience and training have equipped her with a wide range of skills and knowledge to support her clients' needs. She is a skilled practitioner of Motivational Interviewing, a technique that focuses on building motivation and commitment to change. She is also adept at the trauma-informed approach, helping clients heal from past trauma and move forward in their lives.

In addition, Elizabeth has expertise in loss and trauma, family systems, positive parenting, crisis intervention, mindfulness, response to intervention, and self-care. She is a lifelong learner, consistently seeking out new opportunities to broaden and enrich her knowledge and skills.

Elizabeth's commitment to mental health awareness and education extends beyond her direct work with clients. She has authored an article on LinkedIn called "Trauma Healing Groups," where she explores the benefits of trauma support groups for those who have experienced trauma. Her dedication to promoting mental health awareness and education highlights her commitment to empowering and improving the lives of individuals and communities.

Elizabeth is a compassionate and skilled mental health professional who is committed to supporting her clients in achieving their goals and building fulfilling and meaningful lives.

ANASTASIYA

BRITANY

CRYSTAL

ELIZABETH

DR. LETI

TANYA

HILDA

MARY LOU

ELIZABETH

ELISABETH

MARIANA

FEDERICO

About the Cannenta Center and Cannenta Foundation

The Cannenta Center was established to provide the highest quality therapeutic services to individuals, couples, children, and adolescents in the most culturally caring environment possible, while also empowering clinicians to grow in their professional knowledge. Our mission is to provide access to compassionate, culturally sensitive mental health care with improved outcomes by removing financial and language barriers.

Our work is more important than ever. According to the American Psychiatric Association, while the US Hispanic population grew by 4.5 percent (5.2 million people) from 2014 to 2019, mental health facilities offering Spanish-language treatment declined by nearly 18 percent during that same period. (This was a loss of 1,163 Spanish-speaking mental health facilities.)

To counteract these trends, we established The Cannenta Foundation in 2022 with the twin goals of increasing access to mental health services in underserved communities through Project Ayuda, and supporting bilingual mental health providers through Project Adelante.

The Cannenta Foundation's Project Ayuda provides low- and no-cost mental health services to the Hispanic community. Since our inception, over a hundred individuals have reached out to us for counseling sessions conducted in their preferred language and incorporating their culture. Of those individuals, approximately 90 percent report that they are first-time counseling clients. This speaks volumes about the need for accessible mental health services in the Hispanic community. We have also found that our Project Ayuda clients have experienced more trauma and are more impacted by mental health symptoms than our Cannenta Center clients, who are typically insured and/or can afford the private-pay costs.

As we've worked to increase the accessibility of mental health services, a clear need has emerged for robust support and mentoring of bilingual mental health providers. We noticed early on that not enough Latino social workers take the Association of Social Work Boards (ASWB) licensing exam, and of those who take it, not enough pass it on the first try. For example, according to the 2022 ASWB Exam Pass Rate Analysis, only 13 percent of all candidates who took the ASWB social work licensing exam that year were Hispanic/Latino. And in addition to not having enough Latino representation in the candidate pool, first-time pass rates have decreased for test-takers who identify as Hispanic/Latino or multiracial. The data doesn't report how many people give up on licensure after one or more unsuccessful test attempts— whether it's because they become discouraged, or lack support in preparing and studying, or don't have the financial means to take the test multiple times at three to five hundred dollars per attempt. In this way, the test effectively becomes a gatekeeping device that eliminates a large number of bilingual candidates.

To help more Latinos get licensed as social workers, the Cannenta Foundation's Project Adelante looks at barriers to licensing and creates avenues to make the licensing process less overwhelming. For example, we provide mentoring services as well as tutoring for the ASWB exam, and we cover candidates' testing fees. We also offer free supervision for state clinical licensing, which could otherwise cost candidates up to ten thousand dollars over a two- to three-year period. And to increase the number of bilingual social work mentors, we have helped pay for the course that allows licensed clinicians to get their supervisor license so they can mentor others. The Cannenta Foundation is also interested in establishing more equitable paths to licensure, such as the recent law in Illinois that allows social workers who don't pass the initial ASWB exam to obtain licensure by completing three thousand hours of supervised social work within ten years of completing their degree.

By purchasing this book, you help the Cannenta Foundation continue our important work. Thank you, Chingona!

www.ingramcontent.com/pod-product-compliance
Lightning Source LLC
Chambersburg PA
CBHW051307120626
46547CB00015B/2133

This book comprises a collection of narratives contributed by various individuals, each presenting a unique chapter, all intended to offer inspiration to our readers.

This book is not intended to provide psychological, legal, or professional advice. The content and viewpoints expressed in each chapter solely belong to the respective authors and do not necessarily reflect the opinions of the Cannenta Center for Healing and Empowerment or the Cannenta Foundation.

For more details, please visit Cannenta Foundation, Inc at www.CannentaFoundation.org

Cover design and layout by Hector Cavazos

Edited by Kelley Salas

Spanish translation by Floralba Vivas

ISBN: 979-8-218-27814-4

Published by: Cannenta Foundation

Manual de autocuidado para **chingonas**

A los resilientes espíritus de nuestra comunidad chingona

Este libro está dedicado a aquellas personas fuertes y férreas quienes aceptan su cultura e irradian su fortaleza. La determinación inquebrantable y el amor sin fronteras son las fundaciones de nuestra cultura. Que estas páginas sirvan como una guía, un santuario y una celebración de tu travesía al autocuidado. Que encuentres el espacio para cuidar de ti, así como cuidas de los que están a tu alrededor. Recuerda, el autocuidado no es solamente una acción, es un testamento a tu valor y vitalidad.

En tiempos de retos, ojalá puedas encontrar consuelo en estas palabras y descubras prácticas que concuerden con tus experiencias individuales. Que este libro te recuerde que mereces momentos de descanso, de renovación y alegría. Tu bienestar es una prioridad y al cuidar de ti, continúas iluminando el camino para las generaciones futuras.

Contenido

RESPIRA

VISUALIZA

DI QUE NO

DUERME

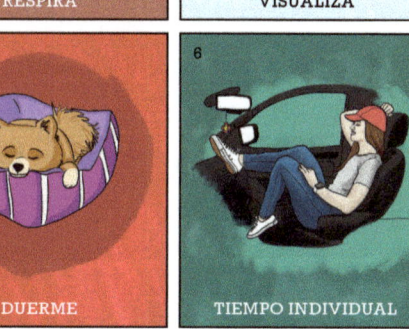

TIEMPO INDIVIDUAL

MÚSICA

MANTÉN TUS VALORES

PEQUEÑOS RITUALES

EJERCITA EN FAMILIA

TERAPIA

PLANIFICA

USA LA CREATIVIDAD

Introducción

Dra. Leti Cavazos

El autocuidado está de moda—y con razón. La gente está pensando seriamente en su salud mental, intentando encontrar lo que necesitan, y buscando maneras de satisfacer su propio bienestar. Pero…

¿Te has sentido egoísta alguna vez al tomar tiempo para ti?

¿Te cuesta encontrar tiempo para practicar el autocuidado?

¿El autocuidado pasa a un segundo plano detrás de tu familia y trabajo?

Si esto te suena conocido, estás en compañía—¡el Manual del autocuidado para chingonas es para ti! Los terapeutas del Cannenta Center for Healing and Empowerment (Centro Cannenta para la Curación y el Empoderamiento) creamos este libro especialmente para la audiencia latina porque sabemos, de primera mano, que las normas y expectativas culturales pueden pasarnos factura. Desde nuestra niñez, muchos latinos absorbemos las ideas del marianismo, el cual dicta que las mujeres debemos anteponer las necesidades de los demás a las nuestras, y la del machismo, la cual asume que los hombres son cabezas de familia y nunca bajan la guardia.

Entonces, ¿cómo rompemos el molde? ¿Cómo podemos aprender a identificar nuestras propias necesidades, ponernos de primeras y pedir ayuda? ¿Cómo podemos invertir el libreto del machismo para que los hombres puedan ser vulnerables y expresar sus emociones?

Para poder hacer esto, necesitamos descubrir nuevos aspectos de nosotras mismas—y puede ser que tengamos que *desaprender* algunas cosas. Aquí es donde aparece la *chingona*. Tradicionalmente chingona fue una palabra usada para describir a una mujer que era demasiado agresiva, que le caía mal a la gente porque no se amoldaba al marianismo ni hacia malabarismos por otras personas. Recientemente, sin embargo, las latinas han reclamado la palabra, usándola para describir a aquellas mujeres que son inteligentes y audaces y, a la vez, manteniendo la hermosa cultura que amamos. La esperanza de este libro es que sus lectores puedan aprovechar esa energía chingona y abandonar las normas culturales que hemos heredado de nuestros ancestros—mientras mantenemos nuestra fortaleza y autenticidad. Nosotras podemos acabar con el ciclo de poner a los demás de primeros, y dotarnos de este amor propio y autocuidado que merecemos y necesitamos.

Varios de los terapeutas del Centro Cannenta compartimos en este libro cómo descubrimos nuestro valor propio, y desaprendimos comportamientos y patrones que ya no nos sirven. Muchos clientes asumen que los terapeutas tenemos todo bajo control, que no hemos pasado por muchas adversidades. Pero la verdad es que todos estamos en una travesía para sobreponernos a aspectos de nuestro pasado y alcanzar un crecimiento personal—incluyendo a los terapeutas que escribimos el libro. Hemos conquistado obstáculos como el aislamiento social, trauma, expectativas sofocantes, y ciclos familiares difíciles. Al demostrar cómo cambiamos nuestras perspectivas y hábitos engranados para cuidar de nosotros mismos, esperamos normalizar esta travesía para la comunidad en general.

A medida que profundices en estos capítulos encontrarás historias que resuenan con tu propia experiencia. Verás que los terapeutas también hemos tenido que aprender destrezas de autocuidado y que debemos practicarlas con regularidad para "mantenernos en forma". Sobre todo, espero que estas doce historias te inspiren a embarcarte en tu propia travesía de autocuidado y buscar la terapia y otros servicios de salud mental cuando los necesites.

Como en toda práctica, el autocuidado no es cuestión de ser perfecto. Es un trabajo en progreso, es una caja de herramientas de actividades y rutinas continuas que cada persona debe desarrollar por sí misma. Para ofrecer algunas opciones, cada terapeuta ha incluido una actividad favorita de autocuidado al final de cada capítulo. Todas juntas, forman una hermosa y variada colección de rutinas y rituales de autocuidado. Te animo a hojearlas y probar algunas de ellas a ver si te sirven. Sin duda, aprenderás a amar algunas de ellas, como lo han hecho sus autores.

A medida que incluyas en tu calendario más tiempo para priorizarte y cuidarte, probablemente habrá algunos contratiempos. En esos momentos, puede ayudarte recordar que, como cualquier arte, el autocuidado es una práctica en desarrollo—una que requiere paciencia, flexibilidad y autocompasión. Si continuamos practicando, el autocuidado se puede convertir en un amigo entrañable, algo a lo que podemos recurrir una y otra vez—aunque la vida se torne compleja y exigente—cuando necesitemos descansar, reflexionar, centrarnos, y rejuvenecer.

Parte I

Comienza desde donde estás

PEQUEÑOS RITUALES

Uno

Pequeños rituales

Elizabeth Palafox

Recuerdo ver el ritual de belleza de mi madre todos los días cuando se arreglaba. Me asombraba la precisión y la suavidad con la que trazaba los rasgos de su cara con lápices y polvos, o la manera perfecta en la que se recogía elegantemente el cabello, que la mantenía a lo largo del día. Ella nunca daba la impresión de necesitar productos para encarar al mundo con confianza. Mi madre sabía que era hermosa en cada circunstancia y, a menudo, se miraba en el espejo diciendo orgullosamente, "Qué bonita estoy". Esta dulce y simple afirmación era una carta de amor hacia sí misma. Su ritual era solamente una manera en la que ella podía darse a sí misma una atención y un cariño extra dentro de su horario impredecible.

Mi madre nos crió a mi hermano menor y a mí por su cuenta, y con ello vinieron las mañanas apresuradas, los horarios ocupados, y las horas de manejar de aquí para allá con ayuda limitada. Hubiera sido comprensible que se relajara en su autocuidado o sus hábitos de amor propio, pero este no fue el caso para mi madre. Aún con su limitado tiempo libre, se aseguraba de recordarse a sí misma que ella merecía la inversión. Ella se convirtió en mi definición de autocuidado y amor propio con las pequeñas acciones que hacía en su propio honor.

Más allá de su ritual de belleza, mi madre hacía otros rituales con la misma intención. En su ritual de cocina, ella planificaba comidas buenas para el alma con sus especias e ingredientes favoritos, y estaba siempre presente a medida que seguía cada paso de la receta. Los olores de su pollo en vinagre o la sazón del chile de árbol llenaban el ambiente, y a veces ella recontaba las historias familiares relacionadas con el plato que cocinaba ese día. Para los rituales del fin de semana, ella desocupaba nuestro horario de los sábados por la mañana, llenaba la casa con sonidos de merengue y se aseguraba de que tomábamos el tiempo de hacer nuestras tareas de la casa. Yo notaba que su hábito de establecer intenciones hacía una diferencia en su humor, y, a fin de cuentas, en el nuestro. Yo no creo que mi madre se daba cuenta en ese tiempo de que lo que hacía al estar presente en sus rituales era, en realidad, una práctica terapéutica.

Cuando visité a mi abuela en Ciudad de México por primera vez, algunos años atrás, noté que ella también hacía muchos de los mismos rituales que mi madre practicaba. Desde ese momento, cada vez que la visito, ella dedica tiempo a sí misma de la misma forma. En su ritual de belleza, mi abuela es contemplativa al aplicarse sus cremas, perfumes y aceites para el cabello. En el ritual de su casa, ella pasa su tiempo calmadamente barriendo o recogiendo la ropa del tendedero de la azotea. En su ritual de cocina, ella habla con calidez con los vendedores del mercado cuando compra los ingredientes, y luego llena la casa con esa misma calidez a medida que nos entretiene con su cocina abundante. Veo que mi abuela vive en el presente como lo hacía mi madre cuando yo era niña.

Muchas veces los mensajes que recibimos acerca del autocuidado tienen que ver con mimarnos con eventos especiales o prácticas llamativas, como un día en el club o una salida de fin de semana a una cabaña. Aunque no hay nada malo con darnos un gusto excesivo o especial—ni hablar del tiempo que me toma investigar cuál de los spas cercanos ofrece el mejor tratamiento facial—podemos ver el mayor beneficio en el mantenimiento diario de la práctica de autocuidado con atención plena. Estos pequeños y sagrados momentos nos permiten el lujo de conectar con quiénes somos y dónde estamos. Al incorporar pequeños rituales para comenzar el día, vivir el día y disfrutar del día, podemos practicar el autocuidado y amor propio de manera sostenible.

Entonces, ¿cómo practico la atención plena en mis rituales diarios? Comienzo por poner una alarma de treinta y cinco minutos para dedicarlos a mi ritual de maquillaje (gracias, Mami) antes de ir al trabajo. Incorporo los cinco sentidos al focalizarme en esta actividad y estoy completamente presente. Me miro al espejo y establezco la intención de estar presente y sentir gratitud por la manera como me veo y por la energía que doy a los que me rodean. A medida que hago cada parte del proceso, estoy plenamente atenta a cómo el hidratante que uso *huele* a verano, cómo *siento* la brocha a medida que acaricia mi cara, cómo *veo* los pigmentos rosados del rubor reflejados en mi piel y cómo *suena* el atomizador del fijador cuando me lo pongo. Siento que mi estado de ánimo se eleva instantáneamente con la atención plena en el uso de mis sentidos.

A medida que pasa el día, comienzo a trabajar en mis quehaceres, busco la manera de vivir con atención plena cada uno de ellos. Un ejemplo de casa es lavar la ropa. A pesar de que me toma tiempo generar la motivación para empezar, una vez que lo hago, se convierte en una práctica de atención plena. Establezco mi intención de ser organizada a lo largo de la semana y expresar gratitud por mi ropa. Mientras separo la ropa, *siento* las texturas y las telas. *Huelo* el aroma fresco y dulce del detergente y *veo* cómo reviven los colores de las prendas de ropa. Cuando doblo cada prenda de vestir y la organizo en el cajón, noto la sensación de grounding dentro de mí.

Finalmente, considero actividades que puedo añadir a mi día por simple entretenimiento. A pesar de que estos momentos pueden parecer la manera más fácil de autocuidado y amor propio, a veces nos distraemos pensando en todo *menos* en la actividad que hacemos en el momento. Una de las actividades que más disfruto recientemente es entrenar en Pilates. Tengo dificultades con el cardio, pero ésta ha sido una manera suave de incorporar algo de movimiento. Con Pilates *escucho* el sonido de la instructora y la música cuando cambio de pose a pose. *Siento* mis músculos quemar y el sudor correr por mi piel. Volteo y *veo* el diseño en mi esterilla cuando intento mantener el equilibrio. En esta actividad estoy atenta a la manera en que mi cuerpo se puede estirar, doblar y fortalecer.

En mi trabajo con clientes, resalto el valor de la atención plena en sus rituales diarios, especialmente porque muchos de ellos ya tienen obligaciones de tiempo completo y, por lo tanto, poco tiempo libre. En nuestra conversación, reconocemos que a todos nos cuesta priorizar el autocuidado y no permitir que pase a un segundo plano. Por esta razón, a menudo pregunto "¿Cómo puede esta actividad tan normal ser una acción terapéutica de autocuidado?" Mi pregunta proviene de la Terapia de Aceptación y Compromiso (ACT por sus siglas en inglés), una forma de psicoterapia de atención plena que anima a las personas a estar presentes en cada momento y promueve la aceptación y un pensamiento sin prejuicios.

Libros como *La trampa de la felicidad* de Russ Harris, exploran temas de "atención plena informal", como los que discuto con los clientes.

Comenzamos por analizar cómo comienzan sus días. ¿Es caótica la mañana? ¿Despiertan de mal humor? ¿Terribles? ¿Vacíos? De allí, examinamos cómo hacen sus actividades y trabajos diarios. ¿Es por aparentar? ¿Expectativas? ¿Es lo último que tienen en su lista? Finalmente hablamos de cómo se sienten al hacer sus actividades más agradables. ¿Están distraídos? ¿Estresados? ¿Se sienten culpables?

Mi parte favorita de trabajar con clientes es que aprendo rituales diarios nuevos que a lo mejor nunca hubiera pensado. Una cliente compartió conmigo que su actividad placentera era nadar sola en la mañana en un riachuelo cercano. Otra cliente compartió conmigo que le encanta hacer páginas de Excel para usar la semana siguiente. Aunque no es fácil adquirir la práctica diaria de un ritual de atención plena, seguramente vale la pena.

PEQUEÑOS RITUALES

Vive en el momento

Práctica de autocuidado de Elizabeth Palafox

Mientras vas construyendo algunos rituales diarios, ten en cuenta a tu familia, tu comunidad, y tu equipo para encontrar maneras de incorporar la atención plena en tu vida. Comienza por revisar tu mañana. La meta es escoger una actividad que ya estés haciendo cada mañana, como lavarte la cara, sacar a tu perro, hacer un cafecito, o regar las plantas, y usar eso como tu tiempo de autocuidado. Cuando hagas esta actividad, concentra todo tu enfoque en ella, manteniéndote completamente presente. Incorpora los cinco sentidos mientras completas la tarea.

A lo largo de tu ritual de la mañana, presta atención a la manera como se mueve tu cuerpo. Nota a qué saben, cómo se sienten, huelen, se ven, y se escuchan las cosas. Sé consciente de lo que está sucediendo en tu espacio cuando haces tu rutina. Si vas a sacar a tu perro antes de ir al trabajo, es normal sentirte impaciente y gritarle que se apure para poder irte. En vez de eso, establece la intención de pasar diez minutos afuera con tu perro y expresar tu gratitud por el regalo que trae a tu vida. Enfoca tu atención en los *sonidos* del canto de los pájaros cuando vuelan de rama en rama en los árboles de tu vecindario. Toma conciencia de cómo se *siente* la temperatura en tu piel (especialmente si vives en Texas). Presta atención al *olor* del césped de la mañana y el aire fresco a tu alrededor. Aprecia la *vista* de tu mascota al oler el suelo. Toma nota de la postura de tu cuerpo y utiliza la caminata como una oportunidad para estirarte. Cuando comiences a pensar en lo ocupado del día, nota como estos pensamientos entran en tu cabeza, pero déjalos ir y venir como las hojas en un riachuelo. Si tienes dificultad manteniendo estos pensamientos alejados, ten paciencia con esta distracción y reenfócate en tus cinco sentidos. Esta misma fórmula de los cinco sentidos se puede utilizar para cualquier rutina mañanera.

Para incorporar la atención plena en el resto de tu día, escoge actividades a diferentes horas en las que puedas incluir tus cinco sentidos. Puede ser algo que hagas a diario, o puede ser en un día designado a una tarea casera. Si vas a limpiar la cocina después de la comida, establece tu intención y comienza a apoyarte en tus cinco sentidos. ¿Qué colores y texturas *ves*? ¿A qué *huele* el detergente de fregar o el de limpiar el piso? ¿Cómo se *siente* la esponja o toalla en tu mano mientras limpias las superficies? Si utilizas un músculo en particular, ¿notas la necesidad de mover tu cuerpo de una manera diferente? Las tareas cotidianas pueden o no ser relajantes o divertidas para ti, pero cuando se hacen con intención o atención plena, pueden ser terapéuticas.

Si comienzas a pensar en algo mejor que podrías estar haciendo o cuánto trabajo te queda, permite que estos pensamientos vengan y se vayan, como las hojas en un riachuelo—siempre reconectando con tus cinco sentidos y reenfocándote en el momento en el que estás.

Por último, observa los rituales que puedes hacer para disfrutar el día. Cuando haces una actividad que es solamente para ti, asegúrate de sacar lo máximo de ésta al estar completamente presente. A lo mejor decides ir en bicicleta o sentarte en la hamaca a leer un libro. Comienza a incorporar los sentidos al notar los detalles del entorno. ¿Qué texturas *ves* a tu alrededor? ¿Cómo se *siente* el aire en tus pulmones? A lo mejor tienes una bebida refrescante al lado—¿a qué *sabe*? En cada actividad agradable que hagas, ten presente cómo puedes expresar amor propio utilizando tu atención plena y tus cinco sentidos. Disfruta, complácete y celebra quién eres y dónde estás en el momento. Cuando comiences a pensar en el pasado o el futuro, redirígete, con gentileza, de vuelta a tus sentidos.

ELIZABETH

Elizabeth Palafox, LMSW

Elizabeth Palafox Zaldivar es una trabajadora social, altamente cualificada y compasiva quien ofrece varios servicios a la comunidad de San Antonio. Elizabeth tiene una Maestría de Ciencias en Trabajo Social de la University of Texas at Austin y cuenta con una Licencia bilingüe (español) en su Maestría en Trabajo Social. Elizabeth ofrece servicios de terapia a clientes que han experimentado trauma u otros retos en sus vidas.

El entrenamiento en Desensibilización y Reprocesamiento por medio de Movimientos Oculares (EMDR por sus siglas en inglés) que Elizabeth recibió en el Institute of Creative Mindfulness (Instituto Creativo de Atención Plena), le ha dado las herramientas necesarias para proveer cuidados de atención informada sobre el trauma a clientes que tienen dificultad con las secuelas de eventos traumáticos. Ella también ofrece clases de crianza, que están específicamente diseñadas para la comunidad latina, y hace evaluaciones de inmigración para ayudar a las personas indocumentadas a obtener su ciudadanía.

Además de su trabajo con clientes, Elizabeth tiene experiencia en trabajo con familias multiculturales que se encuentran en viviendas temporales, programas de educación de padres, y la gestión de casos intensivos. Ella ha sido facilitadora en grupos de apoyo mental para nuevas madres y grupos de atención informada sobre el trauma para padres encarcelados en el condado de Travis.

Elizabeth es primera generación mexicoamericana y está profundamente comprometida a apoyar a las personas y familias en la comunidad latina e inmigrantes. Ella utiliza un marco cultural, un lenguaje informado sobre el trauma, y un enfoque basado en fortalezas para ayudar a sus clientes a descubrir sus identidades y conseguir sus metas. Su pasión por capacitar a sus clientes y proporcionarles las herramientas necesarias para el éxito es evidente en todos los aspectos de su trabajo.

Elizabeth Palafox Zaldivar es una trabajadora social altamente cualificada, quien ha contribuido significativamente a la comunidad de San Antonio. Su compromiso de utilizar un marco cultural, un lenguaje informado sobre el trauma, y un enfoque basado en fortalezas, le ha permitido apoyar a las personas y familias en la comunidad Latinx y de inmigrantes. Su trabajo como consejera, educadora y defensora ha tenido un impacto significativo en la vida de muchos, y su compasión y dedicación a sus clientes en realmente remarcable.

EJERCITA EN FAMILIA

LES

5

𝔇𝔬𝔰

Mejor tarde que nunca

Elisabeth C. Galarza

Encontrar el amor propio y el autocuidado ha sido un viaje transformador para mí. Me ha ayudado a descubrir quién soy y cómo encajo dentro de mi propia familia y comunidad, lo cual ha sido una lucha por la mayor parte de mi vida. Descubrir el amor propio no es necesariamente un camino fácil; te hace verte a ti misma, te hace reflexionar sobre ti misma, y esto puede hacerte actuar.

Con el amor propio también viene el autocuidado. Una vez que comencé a descubrir quién era y cómo encajaba, me di cuenta de que no estaba cuidando de mí misma como debía. Fue en ese momento cuando decidí hacer cosas *por mí*, a la mala. Hasta entonces mi enfoque había sido mi familia, hacerlos felices y cómodos. Veía esto como mi trabajo. Soy una madre y esposa hispana, y este es mi deber, ¿cierto? ¿O no?

La cultura juega un papel importante en cómo vemos a otros y a nosotros mismos. Nos guía en nuestras acciones e inacciones. Para mí, como mujer hispana, el amor propio y el autocuidado eran conceptos egoístas y egocéntricos. Recuerdo que nuestra abuela nos decía a mi prima y a mí, "¡Se van a volver locas!" cuando nos mirábamos en el espejo para arreglarnos. De jóvenes adolescentes, no le dábamos importancia y bromeábamos entre nosotras fingiendo volvernos locas mientras nos mirábamos al espejo y nos reíamos de nosotras mismas. No me di cuenta de que ese momento iba a definir lo que significaba preocuparse "demasiado" por la manera como uno se ve. No fue bonito, nadie quiere enloquecer. Sin saberlo, dejé de mirarme al espejo como antes—no solo por esta frase, también por muchas más que recibiría a lo largo del camino.

"Yo no soy sirvienta de nadie", decía desafiante mi madre en fiestas y reuniones. Esta era su frase cada vez que alguien comentaba acerca de cómo debía servirle a mi padre y a nosotros (sus hijos) un plato de comida. Ella estaba allí para disfrutar también, lo cual excluía servirle a quienes pudieran servirse a sí mismos. Yo veía las miradas soslayadas y oía el susurro o risas de las personas que la conocían bien, porque ellos pensaban que servir los platos era su deber de esposa y madre. Pero ella se rehusaba a encajar en este molde del marianismo.

Desafortunadamente, de niña, tuve sentimientos encontrados. Esos comentarios y otros me enseñaron que las mujeres que participan en amor propio y autocuidado son vistas bajo una luz negativa. Recibí el mensaje que, como mujeres, no debíamos preocuparnos mucho por la manera de vernos, y nuestro trabajo era servirles a los otros primero—no a nosotras mismas. Debemos ser sacrificadas en nuestros roles o arriesgamos que nos vean como presumidas o egoístas.

Pero el amor propio y autocuidado no implican presunción o egoísmo. Amarse a sí misma nos abre la oportunidad de amar a otros, y de forjarlos. Cuidar de nosotras mismas hace lo mismo; podemos cuidar de otros cuando nos sentimos saludables.

Tenía alrededor de treinta años cuando comencé a descubrir el amor propio y el autocuidado, pero fue muy difícil sacar esta vieja mentalidad de mi cabeza. Pensé que estaba siendo presumida y egoísta por quererme y pensar en mí misma. Esas fueron las mentiras que me decía. Me había divorciado recientemente y estaba luchando con la idea de quererme y cuidarme por mi cuenta. Poco a poco descubrí que tenía que quererme a mí misma como la persona que soy—más de lo que quise a mi expareja y mi identidad como esposa. Esto sería un proceso de años.

A medida que pasa el tiempo, mis ideas acerca del amor propio y el autocuidado continúan desarrollándose. Al comienzo, significaba amar mi cuerpo, mi cabello, mi piel, mi acento—todo aquello que me hacía diferente a los demás, o eso me habían dicho al crecer. Cuidé de mi cuerpo y mi piel, aprendí cómo cuidar mi cabello, y practiqué mi conversación; no quería un acento tan marcado—el cual, afortunadamente, todavía tengo. Me aseguré de verme muy bien por fuera para que otros no me juzgaran. Hoy, el amor propio significa aceptarme a mí misma como soy, de manera integral. Significa saber que otras personas también luchan con su amor

propio y autocuidado y, por esa razón, no debo enfocarme en lo que otras personas piensen de mí, van a juzgar de todas maneras. Mi amor propio y autocuidado consiste en hacer lo que se siente bien, lo que me hace sentir orgullosa de mí misma, y lo que me hace *feliz*.

Tomó su tiempo, pero adoro ser afrolatina. Este es un término que no escuché al crecer, y que no reconocí hasta ser mucho mayor. Raro, ¿no? Me sentí excluida por mi propia raza, pero no entendía por qué yo era diferente. Mi cuerpo, mi cabello y el tono de mi piel, todo, me decía que yo era diferente de mi familia, mis amigos y mi comunidad. No fue hasta que amplié mi horizonte al graduarme de la universidad, y luego, al divorciarme, que me di cuenta de que esas no eran cosas por las que avergonzarse. Eran mi yo—todo mi yo. El proceso fue lento, pero fue liberador percatarme de que yo, también, represento lo que es ser una latina, sin importar los así llamados "aires exóticos". Esto me abrió las puertas aún más hacia el amor propio y autocuidado. Descubrir este amor propio me llevó a aprender más acerca de mi cultura y de mí. Es interesante cómo la cultura puede forjarnos y a la vez derrumbarnos.

La familia es una parte importante de mi cultura y eso es algo que llevo muy dentro, pero todavía tengo intereses externos aparte de la familia. Para mi autocuidado, hice un esfuerzo consciente de hacer las cosas para mí misma y por mí misma, y también incluí a mis hijos. Fuimos de vacaciones, fuimos al zoológico, museos, parques, etc. Traté de escoger cosas nuevas y divertidas que pudiera hacer con ellos. Tengo alma de niña, y estas cosas me ayudaron a liberar el estrés y relajarme. Como ya lo mencioné, pasé por un divorcio complicado, y por eso decidí enfocarme en mí misma y forjar una conexión fuerte con mis niños. Conectamos de manera muy cercana con la familia para recibir su apoyo. Tenía a personas con las que podía hablar y pasar el tiempo, lo mismo pasó con mis niños.

Pasé por las vicisitudes usuales de un divorcio difícil, pero siempre regresé al amor propio y el autocuidado. La depresión me afectó fuertemente y, aunque mi familia y amigos estaban allí para apoyarme, no compartí esta parte de mí. Estaba avergonzada y apenada; siendo trabajadora social, yo había recibido educación sobre la enfermedad mental y sus efectos, y sentí que debía tener un mejor manejo de las cosas—pero no lo tenía, yo también soy humana. Perdí una gran cantidad de peso sin querer y no me sentía saludable. Lloraba mucho, tenía problemas para dormir. Me sentía desvalorizada como madre, estaba siempre fatigada.

Algunas veces tenía dificultades tomando decisiones. Muchas veces estaba enojada. Golpeaba mi almohada y gritaba en ella hasta no poder más. Honestamente, también tuve pensamientos de suicidio, pero mi terquedad persistió. *No dejaré que esto me derrote*, me dije a mí misma.

Con el tiempo ya no tenía lágrimas. Las canciones tristes y mi deseo de golpear algo ya no me ayudaban. Me comencé a sentir…bueno, adormecida. ¿Qué podía hacer ahora? ¿Cuál era mi próximo paso? No podía quedarme paralizada. Eventualmente comencé a hacer ejercicio como una manera de soltar todo, incluso compré una máquina elíptica. Esto me ayudó con el enfado y la tensión; podía tomar esta energía y convertirla en algo útil. También estaba enseñando a mis niños al modelar estos comportamientos. Hablé con ellos acerca del autocuidado. Mi hijo escogió la música y mi hija comenzó a hacer arte como maneras de autoexpresión. Mi hijo aprendió a tocar el violín y eventualmente entró a la banda en la secundaria. El lado artístico de mi hija floreció y eventualmente comenzó un canal de YouTube que creció junto con su confianza.

El ejercicio me ha ayudado mucho a cuidarme y quererme. Cuando saco mi energía reprimida en una máquina de pesas, o aún si hago una caminata en un parque, siento mucho alivio. Mi enfoque ya no está en la emoción; está en completar una ronda o en disfrutar las vistas en la caminata. El ejercicio puede ser tan simple como caminar con nuestros perros o jugar Pokémon Go con mi hija por el vecindario, o tan estructurado como ir al gimnasio o completar una carrera de 5K, lo cual disfruté mucho en mis treinta—no solamente ayudé una causa, pero también sobrepasé mis límites. Al comienzo de mi viaje, las carreras de 5K me empujaron a salir sola y estar con gente, lo cual fue algo que evitaba debido a mi depresión. Correr también me dio la energía que necesitaba cuando no parecía tener ninguna. Hoy en día, todavía hago ejercicio y la sensación es la misma: alivio. Además, como dije anteriormente, tengo alma de niña. Hemos hecho la carrera de la burbuja, del color, la carrera del zombi y otras, en familia. No solamente nos dio el ejercicio que necesitábamos, sino que también nos divertimos mucho.

Añadir amor propio y autocuidado a tu vida cambia tu visión de las personas y del mundo a tu alrededor; te abre a muchas experiencias.

EJERCITA EN FAMILIA

Actívate

Práctica de autocuidado de Elisabeth C. Galarza

Para incorporar amor propio y autocuidado en la vida, hay que estar listo para ver un cambio interno. Se pueden incorporar prácticas simples dentro de una vida ocupada y difícil. Puedes ir a un parque y jugar con tus niños hasta que todos queden agotados. Ir a caminar o a trotar con amigos, o jugar algún deporte. Si te gusta el agua, los lagos y ríos son fácilmente accesibles y puedes ir a nadar por tu cuenta o con amigos y familia. Algunas veces tu propio vecindario te brinda vistas fantásticas y caras amigables mientras paseas a tu perro o tomas tiempo para despejar tu mente. Si hay un gimnasio disponible en tu casa o vecindario, puedes quedarte en una máquina de ejercicio por un tiempo mientras haces un maratón de televisión o de YouTube. Puedes aún olvidarte del tiempo y ejercitarte por más tiempo de lo que pensabas.

¡No olvides hacerlo divertido! El ejercicio no debe ser una tarea más que completar antes de acabar el día, puede incluir el juego, puede incluir creatividad. Corre alrededor con tus hijos haciendo pompas de jabón, vuela una cometa, o juega *A las traes*. Coloca un Slip and Slide (deslizador de agua), o salta en un trampolín. Mira a tu alrededor; hay muchas posibilidades.

Sobre todo, en cualquier cosa que hagas para mostrar amor y cuidado hacia ti misma, asegúrate de que sea sostenible y lo disfrutarás por un tiempo. Intenta variar tus actividades si sientes que estás perdiendo el interés—a menos de que seas una criatura de hábito. Todo depende de lo que te haga feliz *a ti*.

Sal y explora nuevas maneras de moverte. Encuentra actividades *sin costo* y lugares donde ir. Algunas veces lo que necesitamos es la simpleza. Date un gusto de vez en cuando, pero mantén tu cuerpo en movimiento. Baila. Canta. Ríe.

Elisabeth Galarza, LCSW-S

ELISABETH

Elisabeth C. Galarza es LCSW-S (Licenciada con Maestría en Trabajo Social Clínico- Supervisora) con amplia experiencia y una sólida trayectoria en intervención de trauma y crisis. Ella completó sus estudios de Maestría en Trabajo Social en Our Lady of the Lake University en San Antonio, Texas, y desde entonces ha dedicado su carrera a ayudar a las personas a sobreponerse a sus traumas y a guiar transiciones de vida que presentan dificultades.

Como especialista en trauma, Elisabeth ha trabajado con varios clientes que están pasando por diferentes tipos de trauma, incluyendo la violencia doméstica, la violencia familiar, y el sinhogarismo. Ella utiliza la Terapia Cognitivo-Conductual (CBT por sus siglas en inglés) en su práctica con un sólido enfoque en la intervención de crisis. Al trabajar de manera colaborativa con sus clientes, Elisabeth les ayuda a marcar metas y establecer un plan para alcanzarlas a medida que potencian sus fortalezas y sistemas de apoyo.

Una de las mayores fortalezas de Elisabeth es su habilidad de adaptar su enfoque a las necesidades individuales de cada cliente. Ella cuenta con el conocimiento de una variedad de métodos de tratamiento y se esfuerza por utilizar el que mejor se adapte a cada cliente. A través de fomentar la auto-reflexión y el éxito al lograr las metas individualizadas, Elisabeth capacita a sus clientes para alcanzar una vida más feliz y saludable.

Además de su trabajo con clientes, Elisabeth también ha facilitado sesiones psico-educativas de grupo, enfocadas en la violencia doméstica. También ha enseñado cursos universitarios en línea en Our Lady of the Lake University y es una instructora guía y consejera para estudiantes de Trabajo Social en varias universidades. Elisabeth porta la Licencia de Supervisora aprobada en Texas para aquellas personas que ya tienen un grado de LMSW (Licencia con Maestría en Trabajo Social), y desean pasar a LCSW (Licencia con Maestría en Trabajo Social Clínico), y está comprometida a ayudar a la próxima generación de trabajadores sociales a desarrollar sus destrezas y alcanzar sus metas profesionales.

Tres

Crecer conmigo mismo

Federico Mendez

Una de las cosas que aprendí al crecer en mi familia tradicional fue que no había tiempo para el autocuidado individual y que yo debía trabajar para aportar, costara lo que costara. Mis padres fueron el ejemplo de trabajar más allá de la semana laboral para ganar dinero extra, y trabajaron sobretiempo incesantemente para asegurarse de que teníamos todo y no nos faltara nada. Yo siempre vi esto como una demostración de trabajo arduo y determinación, y como una manera de ofrecernos seguridad y protección.

Durante la escuela intermedia, yo estaba totalmente involucrado en el programa de música, y entablé una amistad con la directora de la banda. Ella tenía un espíritu amable y afectuoso, y me tomó bajo sus alas. Este fue un período decisivo en mi vida, ya que me encontraba en medio de saber quién era y de encontrar mi posición dentro de mi propia familia. Al pasar tiempo con la directora de la banda, encontré un lugar

de reposo y aceptación. Durante este tiempo, en casa también enfrenté tribulaciones por el alcoholismo, la violencia doméstica y muchas otras dinámicas familiares, que no hacían que fuera un lugar seguro. Pero cuando estaba en los ensayos de banda, sentía una sensación de seguridad, protección y calidez. Estas eran las cosas que necesitaba durante este período y no podía encontrarlas en casa. Quería un lugar donde pudiera crecer y encontrarme a mí mismo. Los compañeros de la escuela tampoco eran muy amables, los adolescentes pueden ser las personas más crueles entre sí. Tenía pocos amigos, pero siempre había algo que no podía decirles, y eso pronto llegó a su punto crítico.

La directora de banda era como mi segunda madre fuera de casa. Yo me quedaba después de la escuela y ayudaba a arreglar los atriles, a guardar los instrumentos y la ayudaba con otras cosas administrativas. Durante este tiempo, ella me daba clases particulares de clarinete y me enseñó teoría musical. Me encantaba sentarme junto a su espíritu caluroso y corazón humilde. No sé qué habría sucedido si ella no me hubiera dado algunas de las cosas que deseaba recibir de mis padres. Aunque me sentía seguro y protegido con ella, siempre tenía la sensación de que yo era diferente a los demás. Cuando pasaba tiempo con la directora de mi banda, era evidente que teníamos muchas diferencias culturales. No me molestaba ser diferente a ella, pero en el fondo me preguntaba si ella tenía algún reparo acerca de eso.

Ella me enseñó maneras de comportarme en múltiples entornos. Ella era muy educada, pero al mismo tiempo, muy estricta en sus clases. Pienso que este era el aspecto más importante de nuestra relación. Yo no sabía cuáles eran los límites personales, y ella me mostró cómo tenerlos, y cómo ponerlos en práctica con los demás. Mis padres no me mostraron esto de ninguna manera; me enseñaron a ponerme a mí mismo de último. Mi madre ayudaba a los demás y estaba allí para el que la necesitara, y yo crecí con las mismas perspectivas.

La presencia de la directora de banda en mi vida fue clave para mi aprendizaje. Cuando pienso a lo largo de los años, me doy cuenta de la suerte que tuve de tenerla en mi vida en ese momento, ella era la representación de una persona adulta segura y confiada. En cuanto a casa, ese no era el caso. Recuerdo una vez que mi padre se había metido en problemas por el uso indebido del alcohol tantas veces que fue sentenciado a prisión. Para que pudiera seguir sustentándonos, el juez le permitía regresar a casa en las noches para estar con nosotros, y luego iba a la cárcel por un período de tiempo largo. Los jueces sabían que mi padre tenía responsabilidades y se aseguraron de que pudiera cumplir con ellas. Yo nunca había entendido esta indulgencia, y ahora, años después, solo puedo decir que tuvo suerte de tener el juez que supervisó su caso.

En mi casa, presencié la violencia doméstica, el abuso de sustancias, la falta de límites, la rabia, depresión, abuso emocional, y un caos generalizado. Mi padre nunca compartió tiempo padre-hijo conmigo, así perdí algo que muchas personas tienen durante su crecimiento. Él estaba siempre intoxicado, alrededor de sus amigos, se olvidaba de la familia y tenía arrebatos violentos contra mi madre. Ella soportó

muchos ojos amoratados, hematomas y otros eventos dolorosos. La casa era el último lugar en el que yo quería estar; así que hacía cualquier cosa para pasar tiempo con la directora de mi banda cada vez que podía. Aprendía de ella y me mantenía a una distancia segura de todo el caos de la casa.

Mi tiempo fuera de casa era, en sí, autocuidado—de esta manera, cuidaba de mí mismo sin saber siquiera que era autocuidado. La banda era mi lugar seguro y estaba rodeado de personas amables y alentadoras. Aquí fue donde descubrí mi primer amor, la música. Tocar el clarinete no es la tarea más fácil, pero desarrollé las destrezas y me convertí en uno de los mejores clarinetistas de mi escuela intermedia y secundaria. Gané varios premios y galardones de la University Interscholastic League (Liga Inter escolástica Universitaria). Durante mi último año de la secundaria, me ofrecieron una beca para la University of Arkansas. Rápidamente rechacé esta oferta al imaginar dejar a mi familia y perder el contacto con ella. Aunque mi vida de casa era caótica, sabía, sin duda, que no quería dejar a mi familia atrás—y me quedé.

En la secundaria, fui capaz de encontrar a mi gente. Comencé a ver las maravillas del mundo y a descubrir cómo me hacían sentir por dentro. Aprendía que yo era diferente a los otros chicos. Me había sentido así aún desde la escuela intermedia, pero no estaba muy preocupado por estos sentimientos. A medida que continuaba creciendo dentro de los confines de mi piel, supe que era homosexual. No le dije esto a nadie y pensé para mí, "voy a morir con este secreto". Mis padres me dejaron muy claro que no aprobaban estas identidades.

Había personas en mi ciudad que eran ridiculizadas por ser homosexuales, y vi cómo la gente les humillaba y acosaba. Yo me identificaba con ellos y deseaba ser su amigo. La directora de mi banda tenía una idea acerca de mí, ya desde la escuela intermedia, pero yo nunca demostré mis sentimientos o pensamientos sobre esto. Luego, en la secundaria, comencé a tener amistad con compañeros, y chicos de la banda que eran similares a mí. Éramos las personas raras en el grupo porque todos teníamos la misma orientación sexual. Mis padres siempre preguntaban por qué todos mis amigos hablaban así y se vestían así, o por qué uno de ellos "meneaba la cadera" al caminar. En sus cabezas, eso no era lo que los chicos hacían.

No fue hasta muy entrado en la secundaria que comencé a aceptar mi orientación sexual. Comencé a hacerme valer y a ser más "desafiante" acerca de mi sexualidad como una manera de confrontar a los compañeros cerrados de mente. Me hice amigo de aquellos que tenían la misma actitud, encontré mi gente. Me sentí seguro, protegido y apoyado. Esta fue una manera más en la que la directora de mi banda me ayudó a encontrarme a mí mismo y establecer un ambiente seguro con otros.

A medida que me hacía más consciente de mi sexualidad, aprendí que las masas no lo aprobaban y mi familia me deshonraría; llegar a aceptar esto fue un proceso solitario. Mi vida cambió entonces a un abismo de exceso de alcohol y abuso de drogas para sobrellevar mi soledad, la falta de límites, la ansiedad, depresión y otros asuntos que encaraba, al parecer solo. Mis pocos amigos, que compartían experiencias similares

conmigo, no eran suficiente para ayudarme a sobreponerme a mis inseguridades y miedos de ser homosexual durante estos tiempos. Tuve que manejar mi manera interna de ver el mundo a medida que me convertía en un adulto, y tenía que pensar acerca de cómo sería la vida para mí una vez que me graduara de la secundaria.

En la vivencia del proceso de aceptar quién era, a veces sobresalía el odio a mí mismo. Recuerdo haber querido ser alguien diferente, le rogaba a Dios que "se llevara esto" o pensaba, "¿por qué Dios me hizo esto?" Esta autoconversación negativa y esta autopercepción dañina solo continuó aumentando, no tenía a nadie con quien explorar estos pensamientos. Mis amigos ya tenían sus propios demonios que superar. Tenía que regresar a casa y pretender que no era diferente, para que mis padres no sospecharan nada.

Todavía pasaba tiempo con amigos y otros familiares que sabían acerca de mi orientación sexual. Sin embargo, faltaba una pieza en la ecuación de autoactualización: la negatividad de mis padres y la oposición religiosa a mi simple existencia. Esta fue una de las píldoras más difíciles de tragar. Me involucré en actividades sexuales promiscuas, así como el abuso de sustancias y del alcohol, y le hice daño emocional a otras personas porque yo estaba sufriendo por dentro. Me involucré con personas que promovían el uso de las drogas y me decían lo bien que me harían sentir. Tengo que confirmar que escapar a través de las drogas se sentía bien, especialmente cuando estaba en el punto más bajo y la depresión y ansiedad eran mis principales motivadores. Me sentía tan solitario, desamparado y, al mismo tiempo, invencible.

Después, esto era solamente un recuerdo borroso. Eventualmente recibí mi primera y última multa por manejar intoxicado. Toqué fondo y esta experiencia me catapultó hacia la persona que soy hoy en día. Después de todo este trauma y el abuso emocional y físico, llegar tomado a los juzgados me ayudó a mejorar la vida.

Me ordenaron cumplir con varios requisitos para volver a mi vida. Participé en tratamientos de salud mental, escuché las historias impactantes de las víctimas, y fui a Alcohólicos Anónimos y otras intervenciones que me ayudaron a descifrarme a mí mismo. Hice todo esto solo; este fue otro nivel de autocuidado. Fui capaz de hacer algo por mi cuenta, en vez de depender de que otros lo hicieran por mí.

A medida que fui trabajando en mi crecimiento emocional, me di cuenta de lo mucho que me faltaba este tipo de apoyo. Yo fui el primero de mi familia que nació en Estados Unidos. Sufrí la parentalización desde una edad temprana, no tenía opción al tomar esta responsabilidad, era el voluntario-a-la-fuerza para ser el Portavoz de la Casa, y estaba obligado a interpretar para mi familia en varios contextos desde muy corta edad.

Recuerdo claramente cuando mi madre tenía problemas ginecológicos y yo iba con ella en varias ocasiones a visitar al ginecólogo. Tuve que interpretar términos médicos acerca de enfermedades, condiciones y otros temas entre el doctor y mi madre. Ninguno de mis padres tomó la iniciativa de aprender inglés. Pensaron que no valía la pena regresar a la escuela a sus edades y sobre todo porque yo estaba aprendiendo inglés. Ninguno de mis padres pasó de la escuela primaria, la idea de aprender un idioma y cultura nuevos era abrumadora y les producía ansiedad.

Su falta de iniciativa hizo perpetuar una falta de autonomía para ellos, y se hicieron dependientes de nosotros—sus hijos. Yo vi todo esto mientras crecía y, aunque no me gustaba la manera en la que mi familia dependía de mí desde una edad temprana, adquirí mucho conocimiento y experiencia al hacer cosas para ellos.

A lo largo de mis años de escuela, uno de mis grandes retos era mantenerme al día con las cosas que no parecían difíciles para los otros estudiantes—ya fuera la importancia de las marcas, o los padres con carreras profesionales, o tener la posibilidad de conversar con otros chicos de mi edad sobre los viajes de vacaciones o las salidas de fin de semana. Yo no tenía el apoyo emocional de mis padres y no podía confiar en ellos para que me ayudaran a descifrar este tipo de cosas. Envidiaba a otros estudiantes cuyos padres eran doctores o abogados, quienes venían de "buenos hogares", vivían en buenos vecindarios, estaban a la moda y, sobre todo, parecía que vivían una realidad diferente a la mía.

A medida que crecí conmigo mismo, fui capaz de esforzarme en la secundaria, colegio universitario, universidad para mi licenciatura, y la escuela de post grado para mi maestría. Aún ahora continúo en la escuela de post grado para alcanzar mi doctorado. Todo por mí mismo. Sí, me hubiera gustado que mis padres me apoyaran más y hubieran estado más atentos a mis necesidades desde el comienzo. Sin embargo, eventualmente acepté que mis padres solamente podían proporcionarme lo que estaba a su alcance.

Si me hubiera enfocado en la falta de apoyo de mis padres o me hubiera vuelto melancólico por mi pasado y en que éste no era lo que quería, me hubiera encontrado en un estado peor, y a lo mejor no hubiera logrado todo lo que logré. En cambio, le estoy dando forma a mi destino un día a la vez. Mis padres se alegran de ver que su primer hijo nacido en Estados Unidos está mejor de lo que ellos podrían haber pensado. Yo he tomado la iniciativa de estar allí para mí mismo cuando lo necesite.

Aprendí algo importante acerca de mí mismo a través de las enseñanzas teóricas del Dr. Murray Bowen. Él desarrolló una teoría del funcionamiento humano que engrana muy bien con mi perspectiva de cómo suceden los cambios en las personas y, en consecuencia, con aquellos que las rodean, incluyendo la familia y la sociedad. El concepto del Dr. Bowen de "la diferenciación del yo" fue fundamental en el desarrollo de mi propia autonomía. A través de este concepto (y de otros que no menciono aquí), fui capaz de soltar *lo que fue* y construir *lo que será*.

El autocuidado es lo que tú hagas de él. Utilízalo para afianzarte a ti mismo y apoyarte cuando lo necesites. No hay una manera correcta de practicar el autocuidado, pero no sucede de la nada; uno tiene que dirigir su atención a este autocuidado. Una de mis herramientas favoritas sobre las que se basa mi autocuidado es la música. Cuando tengo tiempo para mí mismo, la música me ayuda a expresar mis emociones, llorar, reír o enojarme. La música me ayuda a salir de mí mismo para no cargar el sentimiento de estrés que me rodea. Una de las mejores maneras es escuchar música clásica, o música pop de moda—y recuerda, el silencio es un sonido también. Se puede ganar mucho cuando te sientas en silencio.

MÚSICA

Escucha música con atención plena

Práctica de autocuidado de Federico Mendez

El amor a la música se me inculcó desde una edad temprana, y tengo el oído entrenado para la música y su fluidez. Pero no necesitas ser el próximo Beethoven para disfrutar de los beneficios de escuchar música o incorporarla como una actividad de autocuidado, la música en sí misma es un lenguaje. Puedes escuchar música de todas partes del mundo. Hay música cuando enciendes la radio, entras a un restaurante, o entras a un ascensor. Hay música en los juegos de béisbol, juegos de fútbol, y en muchos espacios más donde las personas se congregan. Estamos rodeados de música en todas sus formas.

Algo que me ayudó a apreciar e incorporar la música en mi vida fue tener atención plena en cada nota y frase de la pieza "Aria para la cuerda sol" de J. S. Bach. Intenta escuchar esta pieza en un espacio calmado, sereno, sin distracciones. Mientras escuchas, imagina dar un paso con cada nueva nota de la cuerda grave. Izquierda, derecha, izquierda, y derecha. Imagina caminar en el aire y sentirte ligero e ingrávido. Ponte tus audífonos y escucha mientras caminas en el parque. Sumérgete en el lirismo de la cuerda grave y siente el mecer de la melodía a medida que te mueves en el espacio, dando un paso a la vez. Esta es la mejor manera de absorber la música.

Mientras escuchas otros tipos de música a tu alrededor, ¿cómo puedes incorporar éstas en tu ser? ¿Puedes sentir la vibración del bajo, la percusión, las cuerdas, la trompeta? ¿Se te paran los pelos de la nuca o de tus brazos? Es la respuesta del cuerpo a tu reacción emocional a la música—ya sea triste, deprimente, enfadada, feliz o exaltada. La música estimula el nervio vago, y esto nos produce un "instinto" que nos ayuda a sintonizar nuestras reacciones emocionales y acceder a nuestra intuición.

Federico Mendez, LMFT

Federico Mendez es un Licenciado Terapeuta de Pareja y Familia, quien aporta una perspectiva singular a su práctica de terapia. Su experiencia con la población hispanoparlante de LGBTQUIA2S+ le ha permitido especializarse en asuntos que a menudo son desatendidos en la comunidad de terapias. El enfoque terapéutico de Federico está basado en construir y fortalecer la intimidad propia y con las personas del entorno. Él se ha dedicado a ayudar a sus clientes a desarrollar una comprensión más profunda de sus emociones, pensamientos, y comportamientos para mejorar el bienestar en general.

El extenso entrenamiento de Federico en el Método Gottman de Terapias de Familia, Terapia Emocionalmente Focalizada para Parejas (EFT por sus siglas en inglés), y la Teoría de Sistemas Familiares de Bowen, le ha aportado las herramientas para trabajar de manera efectiva con personas que lidian con la ansiedad, depresión, adicción, conflictos de pareja, dinámicas de familia, "salida del armario", duelo, y terapia sexual.

Federico fundó Intimacy Counseling & Consulting, PLLC (Consultoría y Asesoría para la Intimidad), en el 2020, donde ofrece un espacio seguro y acogedor para sus clientes. En la actualidad cursa estudios para su Ph.D. en Texas Woman's University en Denton, Texas, el cual ampliará su conocimiento y experiencia en el campo de la terapia.

Mexicoamericano de primera generación, nacido de padres mexicanos, la crianza de Federico le ha proporcionado una perspectiva única en la vida. Sus experiencias al crecer dentro de la iglesia católica y al aceptar su orientación sexual, le han dado un entendimiento profundo de las adversidades que encaran muchas comunidades marginalizadas. A pesar de estos retos, la determinación y el vigor de Federico, le han permitido tener éxito en el campo académico y profesional.

La pasión de Federico por ayudar a las personas y familias a mejorar sus relaciones y bienestar es evidente en su trabajo. Su dedicación, tanto a sus clientes como a su comunidad, hacen de Federico un valioso recurso en la comunidad terapéutica.

Cuatro

Profundiza

Anastasiya Jenkins

Crecí en una ciudad grande de Rusia, un lugar repleto de una rica historia y cultura. De pequeña, tuve oportunidades magníficas para educarme, culturizarme, e inspirarme; desafortunadamente, también tuve muchas experiencias traumáticas. Por estos traumas y la falta de constancia en mi vida durante mi niñez y adolescencia, tuve que equiparme con mecanismos de defensa y resiliencia. Ahora, después de treinta años, me doy cuenta de que mi cultura me proporcionó una rutina de autocuidado y un sentido de comunidad pre-hechos—pero también un patrón de apegos fracturados y límites dudosos.

Desde que nací hasta los seis años, mi casa era estable y segura. Vivía con mi padrastro (lo llamaba padre), madre, hermano, y abuela; éramos una familia feliz, aunque ahora me doy cuenta de que éramos una familia de bajos ingresos. La estructura de mi familia era normal, como una máquina bien engrasada; todos en la familia colaborábamos por igual y compartíamos las alegrías, si faltaba uno de

nosotros, nuestra familia estaba fracturada. Cuando tenía seis años, mi abuela murió en un atropello y fuga, y su pérdida nos afectó profundamente; tanto, que destruyó nuestra familia completamente, y nada volvió a ser igual. Cuando mi abuela murió, mi madre comenzó a beber y con el tiempo se volvió alcohólica. Mi padre se fue con mi hermano, eventualmente me metieron en un orfanato y les quitaron los derechos de potestad a mis padres. Esos primeros seis años de vida fueron repletos de alegrías y amor, esto tuvo un impacto muy positivo en mi desarrollo, y por eso estaré siempre agradecida. Desafortunadamente, o afortunadamente, los eventos posteriores a la muerte de mi abuela me hicieron crecer muy rápido y aprendí a ser autosuficiente.

Mi vida en el orfanato fue buena, no como la película *Annie*; era más bien como una escuela mixta de internado. En el orfanato teníamos una rutina disciplinada; despertar a las 8:00 a.m., hacer la cama, desayunar e ir a clase. Después de la escuela teníamos una hora de tiempo libre, luego hacíamos la tarea juntos. Luego venía la cena, tareas de casa, y a dormir; viví con esta estructura por siete años. Una de las cosas que aprendí en el orfanato es que cada persona tiene su propia historia y tiene bondad dentro de sí. Todos los niños con quienes viví, que eran como cien, entraron en el orfanato por una razón u otra. Todos tenían todas las razones del mundo para ser crueles y desconfiados; en vez, escogieron ser bondadosos y relacionarse con otros. Yo me llevaba muy bien con los niños avanzados y los más jóvenes también. Durante estos siete años, mis compañeros fueron mi familia, y, como toda familia, nos amábamos los unos a los otros de manera incondicional, pero también éramos bastante disfuncionales. En retrospectiva, teníamos un vínculo de trauma, y tomamos los roles de figuras parentales que nuestros compañeros no habían tenido.

Cuando tenía casi dieciséis años, me adoptaron unos maravillosos padres de los Estados Unidos. Mi historia de adopción es una historia para otro momento; lo más importante es que mis padres me demostraron mucho amor y apoyo durante mis años de adolescencia, y jugaron un papel muy importante en el desarrollo de mi autoestima. Mis padres me llevaron a la iglesia, la cual es ahora una de las partes más importantes de mi vida y contribuye de manera primordial a mis prácticas de autocuidado. Mi padre y madre me enseñaron destrezas de vida, como cocinar y cuidar mi carro; y lo más importante, ambos fueron el modelo de lo que es ser buen amigo y estar presente cuando nos necesitan.

Les cuento mi historia porque creo vehementemente que nuestra relación con el autocuidado está ligada a nuestra experiencia de vida. En los primeros veinte años de mi vida, aprendí muchas lecciones importantes que ahora juegan un papel primordial en mi rutina diaria de autocuidado. Por ejemplo, en los primeros años de mi vida, aprendí a cuidar de mi casa, limpiándola y manteniéndola muy bien. Aprendí la importancia de encontrar alegrías en cosas simples, a disfrutar la conexión con mis seres queridos en vez de materializar las cosas. De mi tiempo en el orfanato, aprendí autocontrol, a disfrutar de los espacios abiertos, y a divertirme. De mis años de adolescencia, aprendí la importancia de conectar con otros, tener empatía, y apoyarme en mi fe durante tiempos difíciles y también como una fuente de descanso y comunidad.

La primera vez que escuché la palabra autocuidado fue en mi primer trabajo, en un hospicio; realmente no sabía lo que quería decir, pero una vez que aprendí la definición, comencé a pensar lo que significaba para mí, específicamente. Han pasado casi diez años desde entonces, y he podido establecer mi propio cuidado, pero estoy trabajando todavía más. En este momento estoy aprendiendo sobre mi estilo de apego y el impacto que tiene en mi conexión con las personas. Estoy aprendiendo el impacto que mis patrones de apego tienen sobre mi expresión del amor (como lo demuestro y como lo recibo). Estoy descubriendo que tengo mucho trabajo por hacer para llegar a tener un apego sólido. Mi estilo de apego "temeroso evitativo" hace que, algunas veces, quiera mantener a las personas a cierta distancia, y alejarme cuando me siento ansiosa o vulnerable—y estoy trabajando para mejorar. Es complicado, porque quiero estar cerca de la gente, pero mi voz interna me dice que tenga cuidado con cada persona que conozco; esto hace que las personas tengan una primera impresión negativa y les tome tiempo conocerme. La buena noticia es que nunca es tarde para aprender algo nuevo o mejorar nuestra vida. El primer paso es reconocer el área donde necesitamos crecer; el segundo paso es hacer el trabajo para llegar allí. Siempre existe la opción de avanzar o ser autocomplaciente.

Mi práctica de autocuidado actual está centrada en ciertas áreas entre las que está el cuidado personal y el descanso, la conexión con otras personas, y marcar límites.

Mis rutinas de cuidado personal incluyen hacer mi cama todas las mañanas y mantener mi espacio limpio—estas cosas me mantienen la mente clara. Trato de asegurarme de hacer tres comidas al día; sin embargo, la mayoría de los días no hay tiempo para el desayuno (solamente café). Este año incorporé el ejercicio en mi rutina, tres veces por semana de cualquier actividad (caminar, gimnasio, yoga en casa, deportes, etc.). Me baño de manera regular y mantengo mi higiene personal—puede sonar raro, pero es fácil saltarse una ducha, o no maquillarse, y he notado que me siento feliz y más confiada cuando estoy limpia y me veo bien (para mí misma). También me aseguro de dormir por lo menos siete horas todas las noches; estoy trabajando para mejorar la higiene del sueño, especialmente en la rutina de preparación para dormir. Además de dormir suficiente, me aseguro de descansar suficiente. Cada persona tiene sus propias actividades relajantes: para mi es una combinación de socialización y tiempo conmigo misma. Mi tiempo de calma es necesario para mi salud mental y típicamente lo paso en espacios abiertos.

Otra parte importante de mi autocuidado es crear conexiones y comunidad; ésta es mi forma favorita de autocuidado, ya que adoro a la gente. Trato de mantener amistades y pasar tiempo con aquellos a quienes amo una vez por semana, como mínimo. Mis fines de semana están típicamente repletos de actividades sociales, y esto llena mi alma. Conectar con las personas que amas y en quien confías, reír y llorar juntos, vivir la vida y navegar los altibajos a medida que aparecen, hace que este tiempo compartido sea especial y sagrado. Ya he mencionado que mi fe es muy importante, es parte de mi comunidad y mi paz; voy al servicio religioso los domingos, paso tiempo con las chicas de mi comunidad durante la semana, rezo, y leo la Biblia.

Me he dado cuenta de que, con tantas personas y actividades en mi vida, es importante marcar límites; solamente acepto participar en actividades que sé que voy a disfrutar. Me costó habituarme a esto porque no quería perderme cosas o decepcionar a las personas, pero con el tiempo aprendí que prefiero no sentirme miserable por haberme sobre extendido. Ahora, cuando accedo a hacer actividades, sé que puedo estar completamente presente y disfrutar con aquellos a quienes amo; marcar estos límites nos ayuda a todos.

Existe una delimitación muy clara entre mi vida laboral y personal; no continúo trabajando ni pensando en temas laborales una vez que salgo del trabajo. Nunca llevo trabajo a casa porque mi casa es mi espacio sagrado y, si tengo que llevar mi computadora a casa, la mantengo en mi bolso en el closet de la sala, nunca en mi cuarto. Durante el encierro del 2020, mi salud mental sufrió por no tener una clara separación entre la vida laboral y personal; desde entonces, no hay compromiso posible.

4

DUERME

Establece una práctica de autocuidado que funcione para *ti*

Práctica de autocuidado de Anastasiya Jenkins

Cada persona necesita su práctica de autocuidado a la medida. Si *tus* actividades de autocuidado no son relajantes y vigorizantes, si no te ayudan a conectar con otras personas ni a mantener límites saludables en tus relaciones, se convierten en algo más que hacer.

Puedes comenzar con muchas posibilidades, después depurarlas; piensa en los tipos de actividades que te hacen sentir bien. Para inspirarte y refinar tus ideas, busca una evaluación de autocuidado en línea; hazla y observa las cosas que puedes hacer, entonces añade más ideas de acuerdo con tu autoevaluación. Piensa en algunas áreas que son importantes cuando estés lista para escoger y priorizar algunas rutinas de autocuidado. La higiene del sueño, conexión-comunidad, y los límites, son las tres principales para mí.

Sin importar quién eres, o qué tipo de rutinas de autocuidado te gustan más, la higiene del sueño es una segura; no puedo dejar de enfatizar esta rutina: un sueño de calidad es esencial al bienestar de una persona. Si quieres aprender más, te recomiendo leer *Por qué dormimos: La nueva ciencia del sueño* (el título en inglés es *Why We Sleep: Unlocking the Power of Sleep and Dreams*) de Matthew Walker, PhD. Este libro muestra cómo el sueño mejora nuestra memoria, las habilidades de tomar decisiones, regulación emocional, apetito e incluso nuestro sistema inmune. Walker explica cómo la higiene del sueño puede mejorar, no solamente la salud física, sino también el humor y energía; y detalla los pasos que puedes seguir para asegurarte de poder dormir bien todas las noches.

La conexión con la comunidad es otra área primordial de cualquier practica de autocuidado. Cuando piensas en prácticas de autocuidado que pueden reforzar tus relaciones y tu sentido de la comunidad, recuerda: somos seres sociales y necesitamos una comunidad (Nota que no dije que la queremos—¡la necesitamos!) Para tener una idea de tus relaciones, considera crear un ecomapa (puedes buscar ecomapa en Google o consultar con un especialista en trabajo social). Este ejercicio te puede ayudar a encontrar a personas, comunidades, actividades y organizaciones que te hagan sentir mayor conexión y apoyo. Otro recurso en este tema es *Encuentra a tu gente: Construyendo comunidades fuertes en tiempos de soledad (Find Your People: Building Deep Community in a Lonely World)* de Jennie Allen.

Si sientes curiosidad por tu estilo de apego, puedes buscar gratis en Google una evaluación de apego. Te *recomiendo encarecidamente* encontrar un terapeuta que tenga entrenamiento en terapia informada de trauma. Siempre es mejor trabajar con un profesional cuando intentas descubrir partes de ti que puedan requerir una exploración o descubrimiento profundos, o algo que pueda revolver emociones y sentimientos fuertes.

Asegúrate de que las relaciones que cultives funciones y respeten tus valores y límites. Para aprender más sobre limites considera leer *Cuestión de límites: Aprende a marcar, comunicar y mantener esas líneas que nadie debería cruzar (Set Boundaries, Find Peace: A Guide to Reclaiming Yourself)*, de Nedra Glover Tawwab. Este libro ofrece una visión general de lo que son los límites, cómo demarcarlos y lo que pueden hacer por tus relaciones; y existe también un cuaderno de trabajo en inglés, *The Set Boundaries Workbook: Practical Exercises for Understanding Your Needs and Setting Healthy Limits.*

Hay una gran cantidad de actividades de autocuidado en muchos lugares, la meta es establecer unas prácticas de autocuidado que funcionen para ti. Espero que al mantener la atención en mi "gran trío",—dormir y descansar, conexión y comunidad, y limites—puedas crear una fundación sólida y añadir a ella, a medida que pase el tiempo.

ANASTASIYA

Anastasiya Jenkins, LMSW

Anastasiya Jenkins es una profesional compasiva y comprometida con su profesión. Además de su Maestría en Trabajo Social de Texas A&M University–Commerce, Anastasiya cuenta con certificaciones en Trabajo Social en Finanzas y Terapia de Trauma. El mayor interés de Anastasiya es apoyar y animar a las personas en su travesía para mejorar. Ella es una ferviente defensora de la gestión del trauma a través de la terapia vincular y de la competencia cultural, y reconoce su importancia crucial en el proceso de recuperación. Anastasiya tiene una disposición adaptable, mentalidad abierta y encarna el espíritu de una estudiante de por vida.

En la actualidad, Anastasiya trabaja como Especialista de Apoyo/Asesora de Maternidad, aprovechando su expertia en salud mental prenatal, adopción y gestión del trauma para asistir y guiar a otros. En sus roles anteriores como asesora en un programa residencial de cuidados para mujeres y niños a largo plazo, ella completó evaluaciones de entrada exhaustivas, desarrolló metas individualizadas y planes a largo plazo, haciendo ajustes semanales a estos planes. También jugo un papel crucial como guía financiera y defensora en general de los participantes del programa.

La dedicación de Anastasiya a su desarrollo continuo la llevó a completar la Certificación de Embajador por el Cambio Social del Equity Network en 2021. Este programa de siete semanas que ofrece la organización American Association of University Women, se enfoca en mantener prácticas de inclusividad y equidad en el espacio laboral. También facilita oportunidades de redes de contactos con defensores de cambios sociales a nivel nacional.

Parte II

Toma tiempo para ti

Cinco

El sentimiento de culpa de una madre

Marylou Ramirez

Soy latina y me criaron bajo la creencia de que las madres son las que cuidan de la casa y la familia: cocinamos, limpiamos, somos amas de casa y también criamos a los hijos. Por lo que veía, las madres no tenían permiso de tomar tiempo para sí mismas y no tenían días libres. En casa, recuerdo que mi madre siempre estaba en un ¡sin parar!, era como si nunca pudiera dejar de moverse. Somos cuatro y nos llevamos solo un año, mi madre era siempre la que limpiaba, cocinaba y se aseguraba de que estuviéramos vestidos, de manera que cuando mi padre llegara a casa, estuviéramos listos para hacer diligencias o salir a cenar en familia.

Recuerdo una vez que mi madre estaba atendiendo a uno de mis hermanos y yo agarré un cuchillo para cortar una naranja. ¡Uy!, inmediatamente había sangre por doquier, me había cortado el dedo. Mi madre se asustó y lloró desconsoladamente, en ese momento se dio cuenta que necesitaba parar. No necesitaba descansar de nosotros—necesitaba tiempo para ir más despacio y tomar una pausa; ella se movía a mil millas por hora para asegurarse de que tuviéramos todo lo que necesitábamos, pero se olvidaba de sí misma.

Ahora que me he convertido en madre, lucho con el mismo problema. A veces no hay suficientes horas en el día para parar, y a veces siento que ni puedo respirar. Ser mamá requiere dar mucho amor, y mucho *tiempo*—¡lo cual puede hacer imposible hasta usar el baño!

Hay un día que recuerdo muy bien, aunque cuando lo recuerdo, me embarga un sentimiento de culpa. Era un típico martes en la mañana en casa, había juguetes por doquier, y mi hijo estaba gritando porque quería jugar en el agua, pero yo necesitaba un minuto para ir al baño. A veces, el baño es tan calmado, solamente quería sentarme allí y disfrutar del silencio. Recuerdo que él quería abrir el grifo, el agua era lo más genial del mundo para él en ese momento, pero no para esta mamá—¡estaba exhausta al máximo!

El señor carita-dulce probablemente recordó a un monstruo cuando le grité, "¡NO!" Ese momento me hizo darme cuenta de que yo era solamente una mamá cansada que necesitaba un momento, era solamente agua—no era para tanto. Si hubiera tomado diez segundos para jugar—¡y aún para añadir jabón!—las cosas hubieran sido diferentes. En vez de eso, tenía al niño dando alaridos, lo cual contagió a su hermanita, y ella también empezó a dar alaridos, ¡y todo se volvió un caos!

Soy una mamá que está todavía aprendiendo, me digo a mí misma, "tengo dos bebés, debería ser una experta en estas cosas—¡especialmente cuando se trata de ser una mamá!" ¡Ja, seguro! A medida que pienso en ese momento, me pregunto, ¿qué podría haber hecho diferente?, puedo verlo como una lección y aprender a pedir ayuda.

El autocuidado es muy importante para una madre y esposa, para poder dar este amor a los hijos y la pareja, tengo que ser capaz de cuidarme a mí misma. Pero ¿cómo puedo encontrar el tiempo para cuidar de mí? Cuando hago algo para mí misma, comienzo a sentirme culpable porque podría pasar este tiempo con mis niños o mi esposo. Tengo que recordar que no puedo ser esa amante esposa o esa madre cariñosa si no puedo cuidar de mí.

Nadie debe sentirse culpable por cuidar de sí mismo, pero he encontrado que, a veces ¡es muy difícil incorporar el autocuidado! Yo comencé a salir a caminar todos los días, por quince o treinta minutos. Al principio, quería este tiempo para mí sola, y me sentía bien después de haber ido a caminar. Me beneficiaba física y mentalmente, y posteriormente, sentía que había logrado algo. Pero entonces mi niño comenzaba a gritar nuevamente: "¡Quiero ir con mi mami!" Por esa razón comencé a llevar a mis niños a caminar conmigo, y noté que ¡era divertido! Era divertido empujar la carriola por quince minutos y a veces esto se alargaba a veinticinco minutos. Durante

este tiempo conectaba e interactuaba con mis niños—y sabía que este tiempo que compartía con ellos en esos momentos, nunca regresaría. A la vez, me estoy permitiendo liberar el estrés del día de trabajo.

Hoy en día, cuando necesito una pausa, muchas veces busco la ayuda de mi madre; aunque mi esposo siempre está dispuesto a ayudar, noto que a menudo rehuso su oferta y le digo "yo lo hago", cuando en realidad ¡me estoy volviendo loca! Quiero mejorar en pedir y aceptar ayuda más a menudo.

¡Muchas veces le pido a Dios que me ayude a ser el yo que Él creó! Toma literalmente pocos segundos decir estas palabras, y decirlas a diario hace que mi corazón se sienta en paz. Tengo un niño y una niña pequeños y preciosos, a quienes les daría el mundo, si pudiera; los amo con toda mi alma. He aprendido a vivir y estar presente en el momento, a apagar el teléfono cuando vemos *Encanto* o *Toy Story* por la billonésima vez y solamente disfrutar de esas sonrisas en un segundo, transforman un mal día en un día fantástico.

USA LA CREATIVIDAD

Usa la creatividad con tu tiempo
Práctica de autocuidado de Marylou Ramirez

Si eres una mamá ocupada como yo, te animo a que tomes pausas, ¡está más que bien! Pide ayuda cuando la necesites, ¡no te va a hacer menos mamá! Está bien tomar pausas y reflexionar sobre tu día, ¡escribe en un diario, lee una revista, o aún más, hornea un pastel! Hornear un pastel puede ser agradable para el autocuidado, ¡da esa sensación de barriguita llena después de comer un delicioso trozo de un pastel! También da la sensación de logro, y cuando tienes un niño pidiéndote otro trozo de pastel o diciendo, "Mmm, qué rico, mamá", produce una sensación de calidez en tu corazón.

Te animo a tomar quince o veinte minutos de tu día para hacer algo que te guste— ya sea ir a caminar o simplemente sentarte afuera y disfrutar del aire fresco. ¿Qué puedes hacer por ti misma para darte esa sensación de confort y de "Estoy haciendo algo que me gusta"?

Recuerda, ¡el autocuidado no debe hacerte sentir culpable! Si te sientes deprimida, embotada, o cansada, cuida de ti misma para que no tengas esa sensación de vacío. A veces puede parecer que estás cuidando de todo y de todos, y sentir que es todo lo que puedes hacer, pero no te olvides de ti misma.

MARY LOU

Marylou Ramirez, MSW

Marylou es una trabajadora social completamente bilingüe, dedicada y comprometida a servir a la comunidad hispana con una gran sensibilidad cultural. Ella obtuvo su Maestría en Trabajo Social de Walden University y su Licenciatura de Ciencias en Desarrollo Infantil de Texas Woman's University. A lo largo de su carrera, ha adquirido una extensa experiencia en su trabajo con varias comunidades, incluyendo familias inmigrantes y refugiadas, y a través de sus funciones como Especialista de Intervenciones, Especialista de Intervención de la Infancia, y trabajadora social bilingüe.

En la actualidad, Marylou es trabajadora social bilingüe con McKinney-Vento, la ley federal que se dedica a ayudar a niños y familias que están bajo condiciones de sinhogarismo. Su rol es el de proporcionar apoyo y recursos a las familias previamente mencionadas, lo cual incluye la asistencia con casa, comida, ropa, y útiles escolares. En el mismo ámbito, también ofrece apoyo emocional para que estas familias puedan sobrellevar los retos que enfrentan.

Marylou es vehemente en su deseo de crear conexiones entre las familias y ayudarles en su camino hacia el futuro. Ella trabaja con un enfoque basado en las fortalezas de sus clientes, y está comprometida a empoderarles para que cumplan sus metas. Marylou también está entrenada en atención informada de trauma, gestión de crisis, y sensibilidad cultural, lo cual le permite dar la mejor atención posible a sus clientes.

Aparte de su actividad como trabajadora social, Marylou es partidaria de la justicia social y equidad. Ella está comprometida a derrumbar las barreras que les impiden a las personas y familias el acceso a los recursos y servicios que necesitan para prosperar. Marylou participa, de manera regular, en capacitaciones profesionales para mantenerse al día con las investigaciones más recientes y las prácticas óptimas en su campo. Ella está decidida a tener un impacto positivo en las vidas de aquellos a quienes sirve y en la comunidad global.

Six

Tiempo para mí

Dr. Leti Cavazos

"¿Quieres venir al trabajo conmigo esta noche?" preguntó mi madre, ella trabajaba abasteciendo los estantes en el supermercado por las noches. Este fue el primer trabajo que tuvo, según recuerdo; antes de eso, ella estaba en casa con nosotras, tres niñas. Ella siempre nos llevaba a nuestras actividades, remolcándonos del ballet a la clase de piano y luego a las reuniones de Girl Scouts. Siempre había mucho que hacer, y ella nos mantenía organizadas. Mi mamá también estaba a cargo de mantener la casa y asegurarse de que fuéramos a la iglesia todos los domingos, no recuerdo que jamás haya tomado un día libre de sus deberes de mamá y esposa.

Cuando mi hermana menor había crecido lo suficiente, mi mamá decidió comenzar a contribuir económicamente a la casa. Ella hizo trabajos pequeños aquí y allá, pero nunca algo permanente—hasta un año, cuando yo estaba en la escuela intermedia, y nos habíamos recién mudado a una casa nueva. Esto significaba una escuela nueva, nuevos amigos, y ahora una nueva dinámica en la casa.

Yo salté a la primera oportunidad de ir al trabajo con mi mamá, adoraba pasar tiempo con ella, ver a mi mamá en su trabajo era una mezcla de orgullo y preocupación. No entendía lo físicamente exigente que era su trabajo; recoger las cajas de alimentos en lata y asegurarse de que cada lata estuviera perfectamente colocada en el estante era un trabajo duro. Como le pagaban por cada caja, mientras más hiciera, más le pagaban. Ella nos pedía a mi hermana mayor y a mí que viniéramos a ayudarla de vez en cuando; cualquier cosa que pudiéramos hacer, ayudaría a que completara más trabajo y ganara más. Yo la miraba y pensaba en lo fuerte y capaz que era, adoraba escucharla hablar con sus compañeros de trabajo. Ellos hacían que la noche fuera divertida, y yo me sentía tan orgullosa de ella. Ella no hacía ver que el trabajo era difícil—todo parecía fácil para ella.

Recuerdo una noche específica en la que la ayudaba con los frascos de comida de bebé. De alguna manera, la caja se me deslizó de las manos y se estrelló contra el suelo, había vidrio roto y papilla por todo el piso de concreto, me sentí terrible. Me quedé parada allí con lágrimas en los ojos, mirándola y esperando su respuesta. Yo sabía que esto le iba a costar a mi mamá una cantidad de dinero que se había esforzado en ganar. Mi mamá fue muy amable y dijo, "Está bien, mija, vamos a limpiar". No recuerdo si ella tuvo que pagar por esa caja, pero esto hizo que me diera cuenta de lo importante que es no cometer errores al trabajar.

No recuerdo que mi familia se preocupara por dinero o por lo que íbamos a hacer si no lo tuviéramos, pero desde ese momento, nunca vi que mi madre dejara de trabajar. Ella siempre se esforzaba mucho en sus trabajos y venía a casa a cuidar de mi padre, la casa, y nosotras tres. Sin intención, aprendí que servir a otros es el papel de una madre y esposa, trabajas duro—más duro de lo que puedes soportar físicamente—y luego cuidas de tu casa. Yo internalicé este mensaje más de lo que pensaba y así fue mi vida mientras navegué entre relaciones rotas y crié dos hijos sola; trabajaba largas y duras horas y luego venía a casa a cuidarlos. No había un día libre, no había una pausa para revitalizarme y *llenar mi vaso*; esta fue mi vida adulta por casi treinta años.

Cuando me convertí en madre, a los diecinueve, el cambio en mi cabeza fue casi automático, era hora de ser auto sacrificada y cuidar de mi hijo. Esto significaba hacer lo que fuera para cuidar de él; después de todo, ¿no es esto lo que hacen las buenas latinas? No puedo siquiera recordar haber tenido la opción de trabajar o no trabajar. Inmediatamente traté de pensar en lo que tenía que hacer para mejorar mi vida para mi hijo. ¿Necesito trabajar más duro o cambiar de carrera? ¿Necesito ir a la universidad o a la escuela técnica? Los pensamientos revoloteaban en mi cabeza, pero ninguno me decía que tomara las cosas con calma y me cuidara. No había un "Mija, ve despacio, estás trabajando muy duro". No creo siquiera que alguien en mi familia hubiera escuchado esas palabras; al menos no era lo que había visto en mi mamá, mi abuela y otras mujeres de mi familia.

Nadie jamás compartió conmigo esta práctica secreta del autocuidado, no tenía idea de lo que significaba; no estaba en mi vocabulario y nunca había visto a nadie en mi círculo de allegados practicar el autocuidado. No tenía idea de lo que significaba

tener amor propio en una manera en la que te convirtieras a TI misma en una prioridad. No fue hasta estudiar en la escuela de postgrado que comencé a escuchar sobre el autocuidado.

Para tener una perspectiva, quisiera compartir que ya tenía alrededor de cuarenta años cuando hice estudios de postgrado. Tenía dos hijos y había estado soltera por cerca de diez años, había tratado de criar a mis hijos de la misma manera que mi madre nos crió a nosotras, corriendo de actividad en actividad para asegurarme de que los niños estuvieran "integrados" a medida que intentaba trabajar a tiempo completo e ir a la universidad a tiempo parcial. Hubo varias pausas aquí y allá cuando los niños iban con su padre durante el fin de semana, pero para mí, era la oportunidad perfecta para hacer una limpieza a fondo, ¿no? Y en las pocas ocasiones en las que no tenía nada que hacer, bueno, eso era ser perezosa.

Mi impuntualidad constante era objeto de chistes entre mis amigos y familia, pero la realidad era que estaba intentando terminar todo lo que tenía que hacer en veinticuatro horas, y a veces las cosas simplemente no cabían. El resultado era que cualquier pequeño contratiempo—como el tráfico, ir al baño, o salir tarde del último evento—hacía que me retrasara.

Imaginarán mi sorpresa cuando mis profesores del postgrado hablaban de la idea de *llenar tu vaso antes de llenar el de los demás* y decían que *tú no puedes ser buena para otros si no eres buena contigo misma.* Ni siquiera estaba segura de que estábamos hablando el mismo idioma; no podía concebir este concepto de tomar tiempo para mi, mucho menos priorizarme a mí misma; no podía siquiera pensar en qué hacer con el tiempo, si lo tuviera.

Tengo que admitir que el camino del amor propio y autocuidado no ha sido fácil. Aprender a cuidar de *mí* ha sido un proceso de desaprender cosas que pensé que sabía. El autocuidado es lo opuesto del autosacrificio, es amarte a ti misma lo suficiente como para decir "No" cuando tu agenda está llena, es decidir no anteponer las necesidades de los demás a las tuyas. Esto es contrario a lo que aprendemos cuando somos pequeñas latinas, pero hacerlo no nos hace mujeres latinas menos fuertes. Es más, mientras más cuidas de ti misma, más puedes ofrecer a tu familia, comunidad, y el mundo.

Mi práctica de autocuidado imperfecta es anotar en el calendario tiempo para mí. Como soy ejecutiva y trabajadora social, es muy fácil llenar mi calendario con citas sin que me quede un minuto siquiera para respirar. Cuando tengo días así, me doy cuenta de que estoy de regreso en mis días de "nunca-llego-a-tiempo", con muchos compromisos y sin suficientes horas y puedo sentir que me sobrecoge el embotamiento y la ansiedad.

Me conozco bien para saber que soy una persona visual, y cuando veo espacios abiertos en mi calendario, siento que tengo que llenarlos, o no estaría trabajando lo suficiente (más de esos viejos mensajes). En vez de eso, los lleno con actividades

para mi, como *hacer una siesta o tomar una taza de té*. Visualmente parece un horario lleno, pero en realidad he esparcido mi calendario con pequeñas pausas y oportunidades para respirar.

Mi meta es llegar a un punto donde pueda programar los fines de semana para mí misma, no solamente anotarlo en lápiz, sino ¡escribirlo en *tinta*! Imagínate, bloquear en tinta un fin de semana completo para mí; la tinta lo hace permanente, no puede moverse ni modificarse para nada ni nadie. Tengo que admitir que suena como una combinación de egoísmo y felicidad.

Aquí está la lección: tu práctica de autocuidado no tiene que ser perfecta, y puedes avanzar, aunque sea con pasitos de bebé. Aprendemos tanto de nuestros mayores, quienes han moldeado lo que debemos hacer de adultos, pero muchos no se dieron cuenta de que *ellos* podían ir más despacio y tomar una pausa. No sabían que estaba bien no trabajar todo el tiempo, y que hubiera sido mejor para ellos mismos y sus seres queridos que hubieran tomado un tiempo para disfrutar el escenario de la vida. De cualquier manera que tomes un momento para ti en el día, hazlo con intención. Añade el tiempo para ti en tu calendario en *tinta*, y recuerda que esta es una cita no negociable para respirar.

TIEMPO INDIVIDUAL

Agenda tiempo para ti
Práctica de autocuidado de la Dra. Leti Cavazos

Cuando revisas tu calendario todos los días ¿qué ves? A veces cuando miramos nuestros horarios, parece embotador, con reuniones o citas sucesivas. A veces vemos grandes huecos de tiempo sin agendar. Para comenzar a incorporar tiempo para ti, es importante ver estos huecos como oportunidades—las oportunidades para darte prioridad a ti misma.

1. Escoge entre tres y cinco actividades que te calmen y te rejuvenezcan, como escuchar tu música favorita, tomar tu bebida caliente favorita, o ir a caminar alrededor de la oficina.

2. Cuando veas bloques de tiempo abiertos en tu horario, escoge una de estas actividades favoritas que te ayuden a desestresarte y focalizarte por estos minutos que tienes disponibles.

3. Mantén tu intención para adherirte al horario, no permitas que tu voz interior te haga sentir culpable y te lleve a modificar o programar algo en tu tiempo sagrado.

4. Si al final modificas el tiempo para ti, sigue tratándote con gentileza. Tu práctica no será siempre perfecta, es un viaje de crecimiento con colinas y valles.

5. Si estás en un ambiente en el que no tienes control sobre tu horario, aprovecha las pausas que tengas. Trata de ser firme en cómo pasas tu tiempo entre las horas de trabajo, mientras manejas hacia el trabajo o a casa, y después de que todos estén en la cama. Aprovecha cualquier espacio libre en tu día.

Puede ser que la práctica de priorizarnos a nosotros mismos no esté en nuestra zona de confort; nos podríamos sentir tan extraños que lucharíamos para quedarnos en el confort, un espacio familiar y de auto sacrificio. Todavía me sorprendo sintiéndome culpable cuando tengo tiempo libre, y noto que trato de encontrar nuevos proyectos para asegurarme de que estoy trabajando suficientemente duro. Poco a poco me he dado cuenta de que trabajar duro está engranado en nosotros, pero también debemos disfrutar los frutos de nuestra labor. Trabajamos duro para apreciar la vida, y cada vez que tomamos tiempo para nosotros mismos, nos estamos diciendo que somos valiosos y merecemos el tiempo—escrito en tinta.

DR. LETI

Dra. Leti Cavazos, LCSW

La Dra. Leti Cavazos es una persona altamente calificada con diversas destrezas y una extensa experiencia en trabajo social. Su rol de Fundadora y Directora Ejecutiva del Cannenta Center for Healing and Empowerment (Centro Cannenta para la Curación y el Empoderamiento), hace que su trabajo sea instrumental para promover la recuperación y el fortalecimiento de las comunidades marginalizadas. El compromiso de la Dra. Leti con el trabajo social también se refleja en su papel como creadora de la Fundación Cannenta, la cual se enfoca en proporcionar apoyo a los grupos vulnerables.

La formación académica de la Dra. Leti incluye un Doctorado en Trabajo Social en la University of Tennessee, donde se especializó en Prácticas Clínicas y Liderazgo. Ella es Licenciada con Maestría en Trabajo Social Clínico (LCSW por sus siglas en inglés) y ha completado una capacitación avanzada en terapias de trauma. Su estudio de investigación, "Assessing the Characteristics of Male Victims of Domestic Violence Experiencing Homelessness" (Evaluación de las características de víctimas masculinas de la violencia doméstica que experimentan sinhogarismo), es un testamento a su dedicación para entender y atender los retos que enfrentan los grupos en desventaja.

La experticia en terapia de trauma de la Dra. Leti, le ha permitido desarrollar modalidades culturalmente adaptadas que cubren las necesidades específicas de los grupos minoritarios. Su trabajo ha tenido un impacto significativo en el campo del trabajo social, y ha sido reconocida por su contribución a la profesión. En el año 2020, la Dra. Leti fue nombrada entre los Top Ten Dedicated and Deserving Social Workers (Los Diez Mejores Trabajadores Sociales por su Dedicación y Mérito) en la publicación *Social Work Today* (*Trabajo Social Hoy*), un prestigioso honor que reconoce la dedicación y ardua labor de los trabajadores sociales que tienen un impacto positivo en sus comunidades.

La pasión por el trabajo de la Dra. Leti está ampliamente demostrada por sus esfuerzos de establecer el primer albergue para víctimas masculinas de la violencia doméstica en Texas. Su enfoque innovador al abordar los asuntos sociales ha ayudado a una infinidad de personas quienes podrían haber quedado sin apoyo. Su trabajo ha sido resaltado en numerosas revistas locales, lo cual es un testamento al impacto que ella ha tenido en la comunidad.

La Dra. Leti Cavazos es una trabajadora social excepcional, cuya experticia y compromiso han tenido un impacto significativo en la vida de muchas personas. Su trabajo en la terapia de trauma, su dedicación a apoyar las comunidades marginalizadas y su enfoque innovador para abordar los asuntos sociales le ha otorgado un amplio reconocimiento y respeto en el campo del trabajo social.

Siete

¡Valórate, lo mereces!

Crystal Gonzalez

Era una joven latina de dieciocho años que estaba comenzando la universidad, cuando descubrí quién era y sentí, por primera vez, la necesidad de aceptarme a mí misma. Aprendí que no *tenía* que ser la estudiante perfecta, siempre corriendo porque era la primera en mi familia en ser estudiante universitaria—podía ser simplemente "Crystal". Aunque parezca tonto ahora, reconozco que, si hubiera sabido entonces lo que sé sobre mí misma ahora, me hubiera podido ahorrar muchas "crisis". Fui la primera de mi generación en mi familia en ir a la universidad y estudiar lo que había querido todo el tiempo; comenzaba a florecer y a sentirme merecedora y capaz de tener cosas buenas, pero no lo sabía. Muchas veces sentí que no pertenecía al

campus—no porque las personas no fuesen amables, sino porque sentía que hacía pasar a mis padres muchas penurias por estar lejos. Mi travesía de autocuidado y de amor propio comenzó a los dieciocho, y todavía está en construcción.

Una noche en la que tenía mucha tarea por hacer, me recluí en la biblioteca por horas; me había aislado en un rincón de un área silenciosa del tercer piso, y repasaba en mi mente la conversación que había tenido con mi madre esa misma mañana. Me había desahogado con ella por lo mucho que tenía que hacer, y encima, me sentía mal por hacer que mis padres se esforzaran tanto para ayudarme a pagar por la matrícula del semestre. Recuerdo el quebranto de mi voz y la lucha para mantener la compostura al teléfono con mi madre. Estaba confundida entre los sentimientos de culpa y desmerecimiento, me sentía frustrada con la cantidad de trabajo. Estaba triste por sentirme tonta al extrañar mi casa, y tenía esta sensación agobiante de que no pertenecía a una universidad porque sentía que encajaba en la categoría de "Ella no va a tener éxito". No tenía a nadie que fuese un ejemplo, nadie a quien preguntarle cómo manejar las ayudas económicas—todo porque estaba asustada de admitir mis sentimientos. Encima de eso, me sentía abrumada por estar lejos de casa.

Después de la llamada, me senté y reflexioné sobre todo lo que tenía por hacer y pensé en cómo podría mejorar mis circunstancias. Determiné que necesitaba trabajar duro para completar el semestre exitosamente, pero también sabía que necesitaba trabajar en mí misma y evaluar todo lo que estaba pasando en mi vida, tenía que dejar de presionarme demasiado. Fui honesta acerca de lo que podía manejar y lo que no podía, y, al igual, podía ser honesta en lo que era capaz de cumplir. Repetí las palabras de mi madre en mi cabeza: "Que pase lo que tenga que pasar, pero tú, síguele". Dije esto una y otra vez para sobrevivir muchos días duros, cualquier cosa que tuviera que pasar, pasaría, y yo seguiría adelante.

Pasé muchos días en los que, si no hubiese sido por las palabras de ánimo de mi madre cuando las necesitaba, *todavía* estaría subestimándome. Fui a casa un fin de semana y pasé la mayor parte del tiempo con mi madre, limpiando la casa, haciendo la compra, haciéndonos la pedicura, y yendo a tiendas de segunda mano. Estas eran las cosas que hacíamos cuando todavía vivía en la misma ciudad, compartir nuevamente estas cosas con mi madre, fue como una medicina.

Mi madre me crió con el precepto de contribuir para mantener la casa a flote. Su dulzura siempre me ayudó a mantener mi cordura, y aunque parezca una locura, limpiar y hacer diligencias, me ayudó a aceptarme a mí misma en medio de todo mi estrés. Nunca hubiera imaginado que la rutina de ir a nuestros lugares usuales era un recordatorio de que todavía era *yo misma*. Estaba haciendo las cosas que necesitaba hacer y, al mismo tiempo, de alguna manera practicaba el autocuidado y el amor propio. Cuando me mudé para ir a la universidad, todo este duro trabajo que mi madre me había enseñado a hacer por mí misma fue lo que me ayudó a sentir que era esencial, merecedora, y valiosa. Sentía que representaba a todas esas niñas pequeñas que alguna vez soñaron con ir a una universidad. Parecía que estas cosas que hacía eran normales porque era lo que siempre me habían enseñado a hacer, y ahora tenía

sobre mis hombros el peso de mantener buenas notas para graduarme y hacer que mis padres se sintieran orgullosos. El trayecto de "lograrlo" no era pan comido, tenía que recordarme a mí misma una y otra vez: "Ámate a ti misma antes de que puedas amar a los demás". Las infinitas palabras de ánimo que me daba a mí misma para pasar por la temporada de exámenes, presentaciones y entrevistas de trabajo todavía salen a flote hoy en día. En muchas oportunidades dejaba de hacer lo que era mejor para mí porque temía atascarme en mi propio camino; todas estas lecciones me enseñaron que tenía que trabajar en mi autoestima.

Tengo que decir que estas lecciones me permitieron apreciarme a mí misma y a valorar las circunstancias que nunca pensé que superaría. He tratado, de la mejor manera posible, de cuidar de mis propias necesidades primero. En muchos casos, fue una lucha porque soy una persona naturalmente generosa y a menudo pongo a los demás antes que a mí misma, esta ha sido mi lucha con el término marianismo y su práctica. El marianismo es el concepto de que las mujeres *deben* practicar el autosacrificio, que debemos ser pasivas y someternos a la figura masculina de la familia—que en la cultura hispana se ejemplifica mayormente con esposos y padres.

Mi padre siempre me decía, "Tú eres demasiado buena y quieres acomodar a todo el mundo. Relájate, ese no es tu trabajo". Él tenía razón, no tenía que acomodar a todo el mundo y me superaba la idea de que yo tenía que ser una heroína, o siempre dejar de hacer lo que estaba haciendo en ese momento para ir a ayudar a alguien. Tener confianza en el amor propio requería cuidar mi cuerpo, mi crecimiento espiritual, y mi propio bienestar. Batallé un poco para aceptar mi cultura y aprender a "amarme a mí misma", ya que crecí pensando que tenía que ser "buena" y aprender a los golpes. Todo me hacía pensar que no debía tener tiempo para evaluar mi bienestar, provenía de un entorno donde necesitaba sobreponerme a todo de una manera u otra, sin importar lo que costara, esto puede ser positivo, pero también negativo y fue algo con lo que luché en mi adolescencia y vida adulta. Por un lado, tenía una madre que me escuchaba y me apoyaba en mi manera de pensar y mis sentimientos y, por otro lado, tenía un padre severo que tenía una personalidad "seria" cuando se trataba de los sentimientos. A veces sentía que me ponía a prueba, para ver si podía manejar las cosas. A lo mejor no fue el mejor equilibrio, pero lo gestioné y aprendí mucho. No quería que mi padre pensara menos de mí por hablar y compartir mi opinión porque muy profundamente, aunque tuviera opiniones contundentes, mis emociones me seguían y me detenían.

Como era la menor, y la única niña de la familia, tenía mis propias expectativas de cómo tenía que ser. Me imaginé que tenía que ser fuerte, como mis hermanos mayores, y hacer lo que me decían. En muchos hogares latinos es una expectativa común, no te cuestionas una orden, solamente la cumples. Entender que mi voz y opinión tenían importancia no fue fácil, y lo digo de veras, porque muchas de mis opiniones y preguntas me metieron en problemas. Mi madre siempre decía que yo era la pequeña "rebelde". Si mis padres decían algo, yo lo seguía con un por qué; sí, por seguro, esto me metía en problemas. Recuerdo tener muchas pequeñas discusiones con mi madre o mi padre. De alguna forma, pensé que yo era atrevida mientras

crecía—demasiado atrevida para mi propio bien, a veces me dejaba cuestionándome por qué era de esa manera. Finalmente llegaba a la conclusión de que estaba bien de la manera que era—seguro, posiblemente necesitaba matizar un poco y no parecer irrespetuosa con mis padres mexicanos, pero podía usar mi voz de manera diferente. Entonces aprendí a escuchar antes de opinar cualquier cosa, aprendí a aceptar mis sentimientos a medida que escuchaba los de los demás, y aprendí que podía usar mi voz para defender a aquellos que temían usar sus voces.

Mi cultura tuvo un impacto en mi manera de ver lo que era cuidarme y cuidar de los demás. Cuando se trataba de cuidarme a mí misma, sabía que necesitaba apreciar lo que pensaba, mi cuerpo, mis metas y aspiraciones, y mi voz; esto significaba aprender sobre mí, la latina que soy, y valorar todo aquello que tenía que ofrecer. Mi madre siempre decía, "Quiérete a ti misma". Tuve la fortuna de tener a mi madre a mi lado, enseñándome a quererme a mí misma y cuidarme en todos los aspectos. Aunque ella no entendía completamente qué era la salud mental, o lo que significaba tener una baja autoestima, ella trataba, con todas sus fuerzas, de hacerme la persona confiada que soy hoy en día. Puede ser que no me enseñara explícitamente cómo "practicar" el autocuidado todos los días, pero yo utilizaba el tiempo que tenía algunas noches después de clase para escribir en mi diario. Era afortunada de tener padres que me permitían escribir, expresarme a través de los deportes, y participar en clubes en la escuela y universidad. Aunque mucho de esto no seguía la norma de latinos de primera generación, mis padres hicieron un buen trabajo al demostrar que todas las actividades en las que yo participaba eran importantes para ellos. Esta es la razón por la cual he podido practicar más el autocuidado y el amor propio, ahora que vivo por mi cuenta.

Soy una persona de rutinas debido a mi trabajo, por eso me gusta planificar mi semana por adelantado y tengo rutinas que hago todos los días por mi cuenta. Mi día comienza usualmente a las 6:30 a.m., ya que mi pareja trabaja en el turno de noche, y siempre disfruto pasar un tiempo con él antes de que se vaya a dormir. La práctica que mejor funciona para mí es encontrar una rutina que encaje con mi personalidad "dinámica". Intento enfocarme en las tareas más importantes al comienzo del día y hacer que el resto del día sea un poco más ligero.

Al final del día laboral, es enormemente importante dejar el trabajo en el trabajo. Algunas veces hacer esto me parecía muy difícil, tenía problemas separando el trabajo de la vida personal ya que trabajo desde casa el ochenta por ciento del tiempo. Aunque recientemente he mejorado en esto; tan pronto como el reloj marca la hora de terminar, cierro todos los asuntos de trabajo. Reconozco que, al ser trabajadora social, mi personalidad de ayuda nunca se desconecta, pero debemos practicar que *nuestro* bienestar está por encima de cualquier otra cosa. Si somos un desastre y estamos estresados, ¿cómo podemos ayudar a alguien que está en aprietos? Una rutina que

me ha ayudado mucho con esto es caminar con mi perro al final del día de trabajo. Se que él está deseoso de salir, y yo disfruto la vista de nuestro vecindario histórico. He aprendido a apreciar las caminatas por mi vecindario más y más luego de un largo día de interacción con los clientes, papeleo y reuniones. Me gusta escuchar el silbar del viento y sentir el sol en mi tez. En Texas, la brisa no siempre se siente igual, pero ¡hey!, estoy saliendo de mi rutina y entrando en la naturaleza, una de las mejores sanadoras.

Para relajarme al final del día, me aseguro de desconectar las redes sociales antes de ir a dormir. Incluso al decir esto, reconozco que lucho con el deseo de revisar mis redes sociales antes de ir a la cama—como si fuera muy importante ver un video más de TikTok. Por nuestro bienestar, es mejor desconectarse del mundo exterior antes de descansar para el próximo día, por eso intento practicarlo tanto como sea posible. Me aseguro de desconectarme y relajarme antes de irme a la cama. Reflexiono sobre el día cuando me acurruco en la cama, y, antes de darme cuenta, ya estoy dormida.

Como la familia es una gran parte de mi cultura, también dedico tiempo a conectar con ellos, y esto me ayuda a equilibrar mi rutina. Trato de pasar el mayor tiempo posible con mis seres queridos para desconectar de la locura que sucede afuera. Si mi mundo no tuviera el amor propio y el autocuidado que tiene, pienso que mi autoestima sería baja. Estoy agradecida de estar rodeada de familiares, colegas y amigos fantásticos que aprecian mis logros, me apoyan y me aman—incluyendo mi atrevimiento.

PLANIFICA

Rutinas de autocuidado diarias y semanales

Práctica de autocuidado de Crystal Gonzalez

Espero que algunas de mis rutinas de autocuidado te sean útiles.

Planifica la semana: Dedica algo de tiempo al comienzo de la semana a planificar tu autocuidado para toda la semana, prepárate para la semana el domingo por la noche. Anota en tu calendario las cosas que piensas hacer para ti. Por ejemplo, puedes pensar en dejar uno o dos días para la limpieza, ya sea el sábado por la mañana mientras escuchas música de "señora" a todo volumen o tomas un poquito de tiempo entre reuniones para barrer o acomodar. No me avergüenza admitir que necesito limpiar mi espacio para aclarar mi mente antes de comenzar un proyecto o tarea. Por ejemplo, puedes dejar entre treinta y sesenta minutos para tomar el aire fresco afuera: esto ayuda a aclarar tu mente y practicar la atención plena. Si tienes otras rutinas diarias, como una hora específica de irte a la cama, o una hora de desconectarte de tus redes sociales, anota éstas en tu calendario.

Revisa todos los días y marca tus acciones de autocuidado: Una vez que hayas planificado tu semana, toma un tiempo todos los días para reflexionar sobre cómo ha ido el día y revisa lo que te traerá el próximo día. Sí, algunas cosas imprevistas pueden suceder, y puede ser que tengas conflictos de horarios, pero aun así mi moto es, "Si lo escribo, va a suceder". Marca tus tareas y tus acciones de autocuidado una por una. Tu calendario te puede ayudar a rendir cuentas al dejar el trabajo en el trabajo y desconectar de tus redes sociales para priorizar tu sueño y el descanso.

Toma tiempo una vez a la semana para reflexionar: He encontrado que escribir en un diario a lo largo de la semana o al final de la semana es una buena práctica para reflexionar sobre cómo fue tu semana y cómo te sientes. Pienso que es importante escribir sobre lo positivo y lo negativo: esto me ayuda a mantenerme honesta conmigo misma. Yo soy mi mayor crítico, pero pensar en soluciones es realmente lo que me hace avanzar; así, cuando tengo algo que criticar, me aseguro de que puedo seguirlo con una solución. A menudo me encuentro revisando diarios viejos para mejorar mis días. Debajo hay unos comienzos de entradas de diario para iniciarte.

1. ¿Algunas veces podrías haber sido más amable contigo misma? Escribe lo que pasó y termina con una reflexión de cómo podrías haber sido más amable contigo misma.

2. ¿Tienes dificultades al pedir ayuda? ¿Piensas que esto es una fortaleza o una debilidad? Escribe tus razones.

3. ¿De qué manera disfrazas tu autenticidad y por qué?

4. ¿Cuál es un nuevo hobby o actividad que has querido probar? ¿Qué te impide hacerlo?

5. Escribe tus mejores características y por qué te sientes única. (¡Échate flores!).

CRYSTAL

Crystal Gonzalez, MSW

Crystal es una trabajadora social dedicada y apasionada quien está comprometida a utilizar su experticia y destrezas para ayudar a las personas de una manera significativa. Además de contar con una Maestría en Trabajo Social de la University of Texas at Arlington y una Licenciatura en Trabajo Social de Texas Woman's University, Crystal tiene amplia experiencia en su trabajo con diversas comunidades en todo rango de edades, las cuales incluyen familias de bajos ingresos, personas mayores y niños, ya sea en reclusión sanitaria o en situación ambulatoria.

Crystal domina el español con fluidez y se desempeña como asesora vital (life coach, en inglés) para ayudar a miembros de la comunidad hispana a desarrollar destrezas de vida esenciales como comunicación, educación financiera, crianza, y asesoría de profesiones. Ella ha recibido entrenamiento en intervención motivacional, Terapia Cognitiva Conductual, y otros protocolos enfocados en empoderar a las personas. Crystal cree sólidamente en un enfoque terapéutico basado en las fortalezas y está comprometida a ayudar a las personas a sobreponerse a los retos y obstáculos en su vida. Crystal también trabaja como Representante Bilingüe de la Extensión de Cobertura de Salud Infantil (Child Health Insurance Outreach Representative en inglés) y cuenta con experiencia laboral en el Texas Department of Family and Protective Services (Departamento de Servicios para la Familia y de Protección de Texas).

Crystal promueve la educación y concienciación sobre la salud mental y trabaja incansablemente para derrumbar los estigmas que existen sobre la salud mental en la comunidad hispana. Ella está comprometida a promover un mayor acceso a los recursos de salud mental en comunidades marginadas y participa regularmente en talleres de desarrollo profesional para mantenerse al día con las investigaciones y las mejores prácticas en su campo de trabajo.

Crystal es una trabajadora social colaborativa y con gran conciencia social, quien está dedicada a construir relaciones sólidas dentro de la comunidad. A través de su labor de trabajadora social y defensora de la comunidad, Crystal se esfuerza para tener un impacto positivo en la vida de aquellos que la rodean.

DI QUE NO

VISUALIZA

Ocho

Me pongo en primer lugar

Tanya Moreno

Nunca había practicado el autocuidado—¡ni siquiera había escuchado hablar de eso!—hasta que comencé mi entrenamiento en Asesoría Profesional Licenciada (LPC por sus siglas en inglés). Esto fue hace diez años, cuando tenía veinticinco años. Soy la menor de cuatro hermanas, en un hogar latino y soy de la primera generación nacida en Estados Unidos. Ser la menor implica que soy la más cercana a mis padres, y se supone que es como tiene que ser. Mis hermanas tuvieron un poco más de libertad de la que yo tuve. Tampoco ayudó el que yo hubiera sido hospitalizada varias veces por tener convulsiones antes de cumplir los doce años, esto asustó a mi madre hasta la médula y, demás está decir que me protegieron y restringieron socialmente por gran parte de mi niñez. Nunca fui a dormir a casa de mis amigos; tenía que estar en mi casa temprano, o me recogían al final de la tarde.

Eventualmente, a los doce años, las convulsiones pararon, pero los miedos, el control y los embrollos de mi madre, no. Mi madre y yo fuimos muy apegadas e interdependientes durante estos tiempos, especialmente después de las convulsiones. Finalmente, después de un año, ya no tuve más convulsiones, esto me alivió mucho; sin embargo, mi madre se sentía paranoica, preocupada y obsesiva cada vez que me enfermaba con un simple resfriado o gripe.

Terminamos siendo codependientes, intenté asegurarme de que ella no se sintiera molesta, preocupada, perturbada, o que no necesitara nada. Esto se tornó en permitirle que me despertara en la madrugada para tomarme la temperatura, aunque no estuviera enferma, o me daba medicamentos para la fiebre cuando estaba enferma, aunque me sintiera bien—ya que esto evitaba que me diera fiebre, lo cual era la causa de las convulsiones.

Cuando entré en la secundaria comencé a manejar, y me sorprendía a mí misma queriendo asegurarme de que ella no se sintiera sola. Iba con ella dondequiera o la llevaba a cualquier lugar o hacía las diligencias con ella, aunque ella pudiese ir por su cuenta. La llevaba a todos lados, aunque ella podía manejar y tenía licencia, también ayudaba a mis padres en tareas de casa todo el tiempo. Muchas veces era como si ella nunca pudiera ir a ningún lado sola; yo era la única que quedaba en casa y me sentía culpable, por eso iba.

Mis padres tienen más de setenta años hoy en día. Ambos nacieron y se criaron en México, mientras que mis hermanas y yo nacimos en Estados Unidos. Crecimos con muchas normas culturales y expectativas; como yo era la menor, era típico que me quedara con ellos; en otras palabras, la expectativa es quedarse en casa, ayudar a los padres, y cuidar de ellos en lo que necesiten. Tampoco me mudé de casa hasta que tenía veinticuatro años, pero eso duró poco, regresé a casa desde los veinticinco hasta los treinta y dos. Pienso que muchas mujeres blancas americanas se reirían de esto, o por lo menos se sorprenderían. Pero para ser honesta, vivir con los padres a los treinta—aunque puedas pagar lo que cuesta vivir por tu cuenta—¡me parece perfectamente normal! Aprendí, a una edad muy temprana, a cuidar de los demás antes de cuidar de mí, especialmente por mi mamá.

La resiliencia de mis padres, su ética de trabajo, y su desesperada necesidad de sobrevivir siendo inmigrantes, me enseñó a no parar. Eventualmente mis padres se hicieron ciudadanos americanos y, cuando se presentó la oportunidad, montaron su propio negocio. Mi mamá era ama de casa al comienzo, cuando vino a Estados Unidos, porque era una inmigrante y eventualmente quedó embarazada de mi hermana mayor. Antes de irse de México, ella se graduó de la universidad con un diploma en contabilidad, y trabajó a tiempo completo para dar casa, comida y dinero a sus padres y hermanos menores.

Cuando pienso en la manera que mi mamá ponía a todos por delante de ella misma, tiene sentido el por qué este ciclo permanece. Veo un poco de marianismo entre mis padres, pero esto está implícito, ya que mi mamá no sabía nada cuando llegó aquí, dejando todo detrás, en México. Naturalmente, ella cocinaba, limpiaba, y cuidaba

a mis hermanas mayores antes de comenzar a trabajar aquí en Estados Unidos. Diré que, como latina, estoy contenta de no haber crecido con un padre machista. Mi papá fue criado solamente por su madre, su padre lo abandonó; estoy segura de que esta es una razón por la cual mi papá nunca fue machista o abusivo.

Sin embargo, el marianismo se mantuvo constante, aun cuando mi mamá montó su negocio. Ella todavía limpiaba cuando regresaba a casa, nos alimentaba, ya sea porque cocinaba o porque traía la comida a casa, dependiendo de cómo se sintiera. Por lo menos tuvo la oportunidad de ser independiente y tener su propio sentido de la individualidad, sin nadie que la controlara.

Aunque mis padres representaban la resiliencia, una sólida ética de trabajo, y responsabilidad, se quedaban cortos al cubrir sus propias necesidades. La supervivencia es todo lo que conocían, por eso el concepto de autocuidado o "hacer algo para uno mismo" era un concepto extraño. Es más, mis padres fueron los encargados de cuidar de sus familias, ya que ambos eran los mayores; por esto, el concepto de autocuidado no existía.

Pienso que esto es, en parte, la razón por la cual mis hermanas y yo adoptamos el comportamiento de poner a los demás primero que nosotras. Desafortunadamente, esto implicó decepción, fracasos, tribulaciones, y daños; con esto quiero realmente decir acoso, pérdida de amistades y relaciones abusivas. Cuando era niña, tenía dificultades para defenderme a mí misma, a veces las personas eran duras—ya fuese que otras niñas se burlaban por mi ropa o me excluían, ellas no se veían como yo.

Crecí con este modelo de servir a los demás, notaba que para sentirme merecedora, yo pagaba por muchas cosas para mis amigos cuando salíamos a comer o tomar café. También pagaba cuando salía con un chico—solamente para poder hacer algo y tener una verdadera cita. Si yo era la que tenía carro y mi novio no tenía carro, hacía lo imposible para llevarlo a su trabajo o hacer diligencias. Suena conocido, ¿no? Con el tiempo, este patrón de poner a los demás primero continuó progresando y eventualmente me llevó a una relación abusiva; la combinación de una autoestima baja y un patrón de codependencia me hizo vulnerable a hombres abusivos.

Para ser completamente justa y transparente, este patrón de servir a los demás también me llevó a escoger mi profesión en el campo de servicio a otras personas. Finalmente fui a terapia, lo cual también era un concepto extraño. Pero la escuela de postgrado y el campo del servicio a las personas me abrieron al aprendizaje de lo que significaba el autocuidado.

Después de la escuela de postgrado y el entrenamiento como asesora, he desarrollado el autocuidado; ahora puedo decir que sé lo que es cuidar de mí misma. Y aprendí que podía detener los patrones y comportamiento que había adquirido—¡que tenía control sobre esto y podía poner límites! ¡Los límites también eran un concepto extraño y nuevo que aprendería en mi vida adulta! Finalmente aprendí a decir "No" cuando necesitaba—aún a la familia.

Estaría mintiendo si dijera que nunca más pondré a alguien por delante de mí. No soy perfecta, hay ocasiones en las que caigo en este patrón. ¡Genio y figura hasta la sepultura! Pero por ahora, si decido ayudar a otros, no permito que tomen toda mi energía, o me impidan tener éxito y lograr mis propias metas y responsabilidades. En algún momento, cuando tenía alrededor de veinte años, comencé a actuar como mi papá, y todavía lo hago. Aunque estaba viviendo en la casa de la familia, comencé a hacer lo que quería y nunca pedía ayuda, sin importar la resistencia o desaprobación de mi familia. Sí, me ha metido en problemas un par de veces y eso es inevitable. Sin embargo, me ayuda a sobrevivir y continuar.

Hoy en día, intento evaluar si algo o alguien me ofrece la misma energía que yo invierto, si no es el caso, necesito dejarlo ir o deprenderme. Para hacer esto, a veces le pregunto a mi pareja o a mi madre—aunque parezca increíble. (Lo cómico es que pienso que nos enganchamos en comportamientos que no son saludables y por eso sabemos decirle a los demás lo que no deben hacer. De esta manera, mi mamá me ha ayudado a rendirme cuentas a mí misma, aunque ella no lo pueda hacer). Lo mejor de mi autocuidado ha sido mejorar mis relaciones tanto con amigos como las relaciones íntimas. Puedo reconocer las alertas, y saber lo que estoy dispuesta a aceptar y no aceptar en las relaciones con amigos, familia, parejas e incluso con compañeros de trabajo.

DI QUE NO

Inventario de energía
Práctica de autocuidado de Tanya Moreno

Si notas que has tenido mucho enojo o muy pocos deseos de envolverte con algo o alguien, puede ser que haya llegado la hora de examinarte. Hablar con las personas que te quieren y se preocupan por ti es una manera de explorar si algo (o alguien) te ayuda o te hace daño. Contar con sus observaciones o comentarios ayuda mucho, especialmente porque a veces no vemos lo que necesitamos ver, pero ellos sí pueden.

Para evaluar si una actividad o relación en particular funciona para ti, puedes poner en una balanza las ventajas y desventajas. Haz un inventario del tiempo y la energía que gastas y de la que recibes a cambio. Estas son algunas preguntas que puedes considerar:

- ¿Por qué mantengo esta relación?
- ¿Por qué estoy en esta actividad?
- ¿Por qué invierto, o sigo invirtiendo en esto?
- ¿Qué me ofrece a cambio, si es que me ofrece algo?
- ¿Cómo me beneficia esto?

Después de reflexionar, podrías encontrar que quieres dejar de relacionarte completamente con una persona o actividad, o puedes decidir reducir la cantidad de tiempo que empleas, o poner unos límites que te permitan involucrarte de una manera que funcione mejor para ti.

Tanya Moreno, LPC-S

Tanya Moreno es una asesora con gran experiencia y una trayectoria de trabajo en organizaciones con y sin fines de lucro. Su trayectoria de trabajo en la intervención de crisis, gestión de casos, supervisión clínica, diagnóstico dual, y análisis aplicado del comportamiento, le ha impulsado a desarrollar una serie de destrezas que le permiten apoyar, de manera eficiente, a las personas que padecen una variedad de retos de salud mental.

Tanya es también una supervisora clínica cualificada, que ofrece guía y apoyo a asesores profesionales titulados con licencia de practicante y practicantes de escuelas, para ayudarles a desarrollar las destrezas y conocimientos que necesitan para trabajar de manera eficiente en la comunidad hispana. Actualmente cursa estudios para su Ph.D. en Educación de Asesoría y Supervisión, ampliando su expertícia en esta área.

Además de su trabajo como asesora y supervisora, Tanya está especializada en el área de Terapia Multisistémica (MST por sus siglas en inglés) y dirige un equipo que utiliza esta terapia. La Terapia Multisistémica es una intervención basada en evidencia que ayuda a las familias a lidiar con los múltiples factores que conllevan a problemas de comportamiento en la juventud.

Tanya trabaja con un enfoque integrativo en la terapia y utiliza una variedad de modalidades de terapias basadas en la evidencia, diseñadas a la medida de las necesidades de cada persona. Su enfoque compasivo y empático hacia su trabajo, el cual ofrece un ambiente de apoyo y seguridad para que sus clientes exploren sus propios pensamientos, sentimientos, y comportamientos. Su meta es empoderar a las personas para mejorar su propio crecimiento personal y bienestar en general.

Tanya es una asesora altamente cualificada, dedicada a apoyar la salud mental y el bienestar de las personas y familias en su comunidad. Su compromiso con el aprendizaje continuo y desarrollo profesional asegura que ella siempre está al día con las investigaciones más recientes y las mejores prácticas profesionales.

Part III

Sé el cambio

Nueve

Las palabras de la abuela

By Mariana Alvarado

"Mija, no dejes que se te caigan las lágrimas", me dijo mi abuela cuando yo tenía treinta y tres años, durante uno de los tiempos más difíciles de mi vida. El poder y el dolor detrás esas palabras se ha quedado conmigo y, aunque me lo he preguntado, no he podido poner en palabras lo que esa frase ha significado para mí. Sé que ella lo dijo con buena intención—quería darme fuerzas, pero no he podido dejar de pensar en esto. Me pregunto si las frases como esta están detrás de los traumas generacionales, ya que silenciamos nuestros pensamientos y necesidades debido al concepto de marianismo. En las comunidades latinas es común para las mujeres silenciar sus voces y auto sacrificarse por el bien común de la familia.

Algunas veces nos enfrentamos a tanta adversidad y dolor que, sin importar nada, tenemos que levantar la cabeza, tragarnos las lágrimas y continuar caminando con orgullo. Pero esto no significa que no sintamos, o que tengamos que esconder o

enterrar estos sentimientos para suprimirlos. Esconder nuestros sentimientos nos causa resentimiento y no podemos procesar lo que está pasando, esto puede bajar la autoestima, crear ira, depresión y ansiedad. Pienso que el autocuidado nos permite nadar en esos sentimientos—procesar y llorar, si es necesario, y después permitirse la libertad de sobreponerse y armarse de valor para continuar.

Me crié con la costumbre de que era mejor estar callada y ser la "niña buena". Si pienso en ese tiempo de mi vida, me doy cuenta de que mi madre, principalmente, me abusaba de manera verbal y emocional. Era vergonzoso hablar con alguien de los problemas y me enseñó básicamente que tenía que tragarme todo, me decían que era dramática y sensitiva, y que era una niña malcriada. Sentí que no tenía a nadie en quien confiar—nadie que validara mis sentimientos o las experiencias vividas. Cuando intentaba decirle algo a alguien, me topaba con un "Ya sabes cómo es tu mamá" o "Mija, todavía es tu mamá". Básicamente, todos me decían que mi voz no importaba y que lo que mi madre hacía estaba bien, allí aprendí que "el amor duele".

Aunque sea algo tan vulnerable expresar estos sentimientos al mundo, escribo esto para la niña que se cuestiona el amor, no está segura de lo que es amor, o que nunca ha sentido amor.

El autocuidado es:

Cuando eras pequeña y tu mamá te gritaba por sus propios errores y responsabilidades, el autocuidado era aún encontrar una manera de ver algo positivo.

Cuando te insultaban y te decían que eras mala por defenderte, o cuando te pegaba porque no la escuchaste la primera vez, el autocuidado era apegarte a lo que hacías bien.

Cuando tenías que cuidar de ella porque estaba borracha como una cuba, cuando tenías que cuidar de tus hermanos porque ella solo se recostaba en el sofá, o cuando tenías que cocinar, lavar tu ropa de la escuela en la batea, y colgarlas en el baño para que se secaran y pudieras tener ropa limpia: todas esas veces en que tenías que cuidar de ti misma porque nadie más lo hacía, aprender a sobrevivir era el autocuidado.

Mija, tú eres fuerte, y eso es autocuidado.

No te diste por vencida, y eso es autocuidado.

A pesar de todo, tú creíste en ti misma, aunque fuese un poquito, y eso es autocuidado.

Con el tiempo, fui sanando y trabajé para procesar mi trauma (y continúo este trabajo), he aprendido a quererme a mí misma. Si me hubieran preguntado si me amaba a mí misma cuando era más joven, hubiera dicho que sí, claro, pero a lo mejor era solamente la respuesta correcta. Tenía que comenzar a priorizarme a mí misma, aunque esto fuese engorroso a veces. Tenía que pasar por estos momentos incómodos para seguir practicando estos conceptos ajenos.

Hubo un momento muy esclarecedor en mi proceso de sanación. Yo había comenzado a trabajar en Cannenta Center y había programado una sesión de fotos, esto implicaba preparar un atuendo para la ocasión. Fui de compras y encontré una chaqueta y pantalones, en ese entonces, esto era solamente otra cosa que hacer en la lista. No fue hasta que me puse el traje negro con la blusa manga larga color magenta que pensé, "Como que me veo bien", y vi el potencial de lo que el traje podía representar. Este fue el comienzo de un nuevo capítulo para mí.

Cuando me monté en el carro para ir a la entrevista, bien arreglada para comenzar esta aventura, me sentía nerviosa—pero estaba lista. Mientras manejaba, me interrumpían los pensamientos negativos. Cuestionaba mi valor, diciéndome a mí misma que no merecía esta oportunidad, que yo era una falsa y una impostora. ¿Cómo me había metido en esta situación? ¿Qué carajo sabía yo acerca de la salud mental? Fui lo más cruel que había sido conmigo misma en mucho tiempo, y siguieron apareciendo los pensamientos.

Tuve que utilizar la estrategia de replanteamiento muy rápido porque estaba lista para darme la vuelta y no ir a la sesión. Respiré profundamente para frenar mis pensamientos y replantearme lo que estaba diciendo. Me dije: *Puede ser que no sea una terapeuta con gran experiencia todavía, pero tengo experiencia en salud mental. La Dra. Leti vio mi potencial durante la entrevista y quiso añadirme al equipo como terapeuta—y por ahora, eso es todo lo que necesito. Si no encajo bien, me voy a dar cuenta, y puedo continuar mi camino, pero no me voy a negar esta oportunidad por estos pensamientos que tal vez ni sean verdaderos.* Fingí una sonrisa y saqué de mi cabeza esos pensamientos y dudas, y los reemplacé con otros que me daban más apoyo. Gracias a este replanteamiento, me presenté y me tomé las fotos. En retrospectiva, estoy orgullosa de no haber dejado que esos pensamientos y sentimientos me negaran una oportunidad.

Con el tiempo, he experimentado un momento donde verdaderamente—y digo verdaderamente—sentí el amor propio, fue una sensación fortalecedora. Me animaron a ser la presentadora durante un evento especial; hicieron un afiche con el tema de mi presentación y mi foto, fue muy lindo ver esto, pero también fue bastante estresante. Esta iba a ser la primera de las dos veces que haría esta presentación para la comunidad, con un público real, no para otros estudiantes como en la escuela. Cuando por fin llegó la noche, me sentí nerviosa pero comprometida y lo hice. Después de la primera sesión, uno de mis colegas de Cannenta me dijo, "¡Se te da muy bien presentar!"; dentro de todo, recibí una buena valoración.

Pasaron algunos días para que fuese capaz de reflexionar sobre la experiencia—y fue probablemente una de las primeras veces que me sentí orgullosa de mí. Era muy difícil demostrar satisfacción hacia mí misma o darme valor por cualquier éxito que alcanzara. En ese momento, fui capaz de decir que me amaba y sentí un amor y aprecio hacia mí que realmente jamás había sentido antes. Fui capaz de entender las cosas de manera diferente. No me sentí culpable por ser "egoísta", y tuve una sensación de paz. Desde entonces, la vida no ha sido igual porque tengo un mayor

respeto y aprecio hacia mí, después de descubrir cómo amarme a mí misma. Me sentía agradecida por impulsarme a mí misma a crecer, por tratar de romper los traumas generacionales y ciclos de abuso, por graduarme en la universidad y por todos los pequeños pasos que había dado para llegar a este punto.

A medida que continúo creciendo y sanando, esto es lo que el autocuidado significa para mí ahora: Significa priorizar mis necesidades y deseos para encontrar un equilibrio. Establecer límites como una manera de protegerme a mí misma y a aquellas relaciones que quiero que funcionen. También significa convertirme en una mejor madre. El autocuidado es escuchar a mi cuerpo y a mi intuición, y mi mayor regalo sería aprender atención plena, porque al escuchar a mi cuerpo, puedo escuchar mis necesidades. Esto significa que, a lo mejor, necesito algunos minutos para relajarme y practicar un ejercicio de atención plena antes de la próxima tarea en mi lista. Mis actividades favoritas son el escaneo corporal y la respiración profunda simple. Utilizo estas técnicas cuando me siento ansiosa, cuando necesito procesar mis emociones y cuando me siento sobrepasada o tengo pensamientos intrusivos. La vida es la vida, y siempre habrá días duros, pero con estas destrezas, y al superar mi pasado, se me ha quitado un peso de encima. No me daba cuenta del peso que cargaba sobre mis hombros porque era todo lo que conocía.

RESPIRA

Replantear los pensamientos
Práctica de autocuidado de Mariana Alvarado

Replantear es simplemente repensar, o poner los pensamientos bajo un lente o una perspectiva diferente. Si pensamos algo negativo, nuestro cuerpo no sabe si ese pensamiento negativo es verdad o no y, aunque no lo sea, este pensamiento causa una emoción. Usualmente, cuando necesitamos trabajar en replantearnos algo es porque estamos pensando algo negativo que hace que nuestra mente y cuerpo tengan una respuesta de lucha o fuga

El replanteamiento es una herramienta que se hace más fácil con la práctica. Que mejoremos, no quiere decir que nunca tendremos pensamientos intrusivos o malos, significa que estamos equipados para reconocer lo que está sucediendo, detenernos y reflexionar. Durante esta pausa, nos podemos dar la oportunidad de repensar, encontrar una nueva perspectiva, hablarnos a nosotros mismos con gentileza, ser amables, y reconocer lo bueno y lo positivo—aun en situaciones que no son ideales.

Por ejemplo, si tenemos que hacer una presentación y no la hemos preparado tanto como hubiéramos querido, puede aparecer el síndrome del impostor y podemos comenzar a dudar de nuestra propia valía: *¿Realmente pertenezco aquí? ¿Soy suficientemente buena? Oye, debí haber trabajado más y mejor. Uf, me va a ir mal. Me van a juzgar.* Estas son cosas que pueden pasarte por la mente y se puede sentir como el fin de mundo.

Para replantearnos la situación, podemos detenernos para aceptar estos pensamientos, dándoles espacio para existir, pero también dejando espacio para alternativas como: *Hice lo mejor que pude con la capacidad que tenía en este momento y eso es suficiente. Intentaré hacerlo mejor la próxima vez, pero no voy a minimizar el trabajo y esfuerzo que he hecho ahora. Es una experiencia de aprendizaje y nadie espera que sea perfecta. Voy a aprender y a crecer con esta experiencia. Sé lo que necesito hacer para mejorar, lo cual no es malo. Sobreviviré esta presentación y habrá tiempo para otras. Puede ser que no sea tan mala como pienso, puede que le haya enseñado algo a alguien.* Estas son maneras en las que podemos darnos seguridad y replantearnos la situación.

Intenta pensar en un ejemplo de replanteamiento, o una situación donde te convenciste a ti misma de hacer algo cuando tenías miedo. Entonces piensa en una situación donde podrías haber practicado el replanteamiento. Ambas situaciones son buenas porque todos debemos comenzar en algún lugar. Recuerda, eres humano y mereces la gentileza.

MARIANA

Mariana Alvarado, LMSW

Mariana es una trabajadora social muy dedicada y con una gran pasión por fortalecer a otros para que se sobrepongan a sus retos, traumas y las dificultades de la vida diaria. Mariana cuenta con una Maestría en Trabajo Social de University of Texas at Arlington, donde su enfoque fue el funcionamiento de la práctica comunitaria y administrativa, y también cuenta con una Licenciatura en Trabajo Social de Texas Woman's University. Sus estudios la han preparado para ofrecer ayuda a personas de diversas proveniencias. Ser una trabajadora social bilingüe le ha ayudado a su compromiso de utilizar sus destrezas lingüísticas para tener un impacto en la vida de las personas y familias de habla hispana.

Mariana tiene experiencia de trabajo con varias comunidades en el cuidado de salud a través de sus múltiples roles, lo cual le ha dado una perspectiva y entendimiento único de los retos que enfrentan las personas. Ella trabajó en el Hospital Parkland en Dallas como asistente de coordinación de cuidados de la salud, donde ayudó a los pacientes a orientarse dentro del sistema de salud y conectarlos con diversos recursos. También trabajó como supervisora de casos bilingüe para una organización manejada por Medicaid, la cual ayuda a personas con discapacidades intelectuales y de desarrollo (IDD por sus siglas en inglés), adultos y pacientes geriátricos en Texas. Actualmente Mariana se desempeña como Asesora Bilingüe en el Centro Cannenta, donde trabaja para deshacer el estigma que existe sobre la salud mental, y los ciclos generacionales y trauma.

Mariana entiende que las necesidades de cada persona son individuales, y disfruta su trabajo con adolescentes, adultos y parejas. Ella utiliza técnicas diferentes para apoyarles, las cuales incluyen un enfoque basado en las fortalezas, Terapia Cognitivo-Conductual, un marco cultural y teorías del entorno social. Mariana cree que el proceso terapéutico es un esfuerzo colaborativo, y trabaja para crear un ambiente seguro y sin prejuicios donde sus clientes se sientan cómodos al compartir sus experiencias y sentimientos. A través de sus actividades como trabajadora social, Mariana está comprometida a tener un impacto positivo en las vidas de aquellos a quienes sirve.

Diez

Mi luz guía

Hilda H. McClure

Durante mi niñez, siempre me sentí un poco diferente a mi familia y, aunque estas diferencias no eran obvias, sino más bien sutiles, me sentía como una extranjera. Siempre supe que me amaban y me incluían, pero yo veía el mundo de una manera muy diferente que ellos. Algunas veces, me sentía sofocada por la presión de hacer cosas de una cierta manera, aunque no entendía por qué las hacíamos de esa manera. Me sentía como una pieza del rompecabezas correcto pero puesta en el lugar equivocado. Comencé la terapia y, por consiguiente, a entender lo que estaba sucediendo y estaba creando el sufrimiento en el entorno de mi familia.

Cuando era pequeña, siempre soñé con vivir en una casita pequeña, antes de que las casitas pequeñas estuvieran de moda. Me sentaba en un lado de mi casita que tenía una puerta hacia el cuarto amarillo de mi abuela. Esta pequeña casa tenía todo lo que necesitaba para vivir—una cama, un microondas y un baño. (Pensemos que tenía siete años y no tenía ni idea de cómo cocinar, y definitivamente, no recogía mis cosas). Soñaba con vivir en esa casita e ir a la casa grande cuando quisiera ver a mis padres o jugar con mi hermano; no podría decir exactamente lo que mi cabecita esperaba de vivir en una casita, pero pienso que lo que quería era independencia. Cuando pienso en mi vida, veo trazos de mis intenciones de afirmar mi independencia una y otra vez.

Después de la escuela, me encantaba estar en mi cuarto, especialmente cuando crecí, pasaba horas viendo televisión, escuchando música, cantando y leyendo mucho, era mi pequeño oasis. Mis padres no podían disciplinarme de la misma manera que lo hicieron con mi hermano. Mi hermano salió a mi padre, es una mariposa social. Si lo castigabas y lo dejabas sin jugar afuera con sus amigos, se devastaba. Si me castigaban, yo estaba perfectamente contenta de quedarme en mi cuarto con mis libros, realmente me encantaba estar sola. En este espacio tranquilo, podía recargarme, soñar, y crear. Odiaba las interacciones sociales forzadas—especialmente cuando no se sentían auténticas a quién era y cómo me sentía, y mi cuarto me permitía estar presente, así como era.

A medida que pasó el tiempo, ya desde el séptimo grado, sabía que quería mudarme a Estados Unidos. Mi plan era mudarme a New Jersey con mi tía, ir a la secundaria en Estados Unidos, y entrar a una de las mejores universidades para convertirme en genetista. Hasta entonces, nadie en mi familia había salido de la isla. Los puertorriqueños tienen un gran sentido del orgullo, y a menudo no se pueden imaginar a sí mismos viviendo fuera de la isla, mi familia ha vivido en la isla por generaciones. Muchos de los miembros de mi familia solamente han salido unas pocas veces, lo cual era muy común para muchos puertorriqueños hasta tiempos recientes, debido al impacto de los huracanes.

No me mudé en el séptimo grado, pero sí me mudé a Dallas, Texas, cuando tenía dieciocho años para ir a la universidad. No fui la primera estudiante universitaria en mi familia, pero sí la primera en mudarse de la isla. Mi familia me apoyó bastante, pero parecía haber un nivel de expectativa de que yo regresara a la isla; recuerdo sentirme presionada para mudarme a la casa de mis padres después de graduarme y vivir allí hasta que me casara. El lunes después de terminar mi período de práctica de enseñanza, me ofrecieron una posición en la escuela de mis sueños, el salario de entrada era casi el doble de lo que hubiera podido ganar en Puerto Rico. Estaba muy orgullosa de mí misma por obtener un trabajo por mis propios méritos tan rápidamente, pero también tenía un sentimiento de culpa monumental por no regresar a mi isla. Lo que me ayudó a manejar y maniobrar mi sentimiento de culpa fue saber lo que era mejor para mí. No fue una decisión que tomé a la ligera, pero me sentí en paz sabiendo que podía tomar decisiones que se alineaban con mis propias metas, habilidades y deseos.

Cuando planifiqué mi boda, tomé algunas decisiones que no fueron populares con nuestras familias; de hecho, algunas veces fueron motivo de tensión y conflicto. Después de tomar una decisión particularmente "rebelde", uno de mis queridos tutores y amigos, Randy, comentó, "Esto me suena a algo que tú harías", mi decisión no le sorprendió. No puedo decir por qué, pero estas palabras resonaron profundamente en mí; me hizo verme de una manera en la que no lo había hecho antes, y aun ahora, reflexiono sobre estas palabras a menudo. Me han servido como un bálsamo sanador y un recordatorio de que tengo el poder de tomar verdaderas decisiones en mi vida.

Hace solamente pocos años que comencé a entender cómo me marcaron estos momentos. Cuando los examino bajo la luz adecuada, estos sentimientos y deseos eran cosas reveladoras acerca de mí ¬—mi sistema de valores. Los conflictos que a veces surgieron de mis decisiones no eran personales; más bien, indicaban un choque de valores. En otras palabras, lo que era importante para mí, no era necesariamente importante para mi familia o sistema social; esta diferencia de valores produjo angustia, y a veces, conflicto.

Basar la vida en los valores implica reflexionar sobre las cosas que son más importantes para uno, y vivir de acuerdo con esos principios o valores. Muchos de nosotros tenemos un sistema de valores; adquirimos esas ideas de nuestra crianza, nuestros padres, nuestro círculo social, nuestras instituciones religiosas, o aun nuestra cultura convencional. A veces escogemos estos valores porque queremos mostrarnos ante el mundo de cierta manera. Nuestros valores afectan nuestras decisiones, aunque no siempre seamos conscientes de su impacto

Cuando sentimos un conflicto interno o nos sentimos dudosos acerca de algo, puede ser que tengamos una incongruencia entre nuestras acciones y valores, esto puede ser cierto también en conflictos en las relaciones. Si tú y tu pareja están en desacuerdo sobre un tema en particular, no significa necesariamente que uno de ustedes esté equivocado, simplemente los valores son diferentes.

Por ejemplo, uno de mis valores centrales es la autenticidad. Durante la planificación de mi boda, continuamente intenté tomar decisiones que concordaban conmigo y con mi esposo, Anthony. Cada vez que alguien sugería algo que nos llevaba hacia la tradición (y no a lo que se sentía auténtico a lo que soy y cómo me quiero mostrar ante el mundo), descartaba la idea, decidimos no lanzar la liga o el ramo por esa razón. En cambio, nos aseguramos de tener buena música porque nos gusta divertirnos y queríamos pasarla bien en nuestra boda. Hoy en día, las cosas de las que más me arrepiento son aquellas que hice para complacer a alguien más, o cosas que me sentí presionada a hacer por la tradición.

Entender mis valores me ha ayudado a entender mejor mi crianza y esta sensación de "alteridad" que a veces siento dentro de mi sistema familiar—y que a veces también siento con mi sistema social. Al escribir sobre estas experiencias, puedo saber qué valor se ha alterado—ya sea la independencia, la autenticidad y el descanso. Puedo ver cómo mis valores chocaron con la cultura de mi familia y la cultura tradicional de Puerto Rico.

La cultura hispana valora el colectivismo—es lo que funciona mejor para el grupo, no para el individuo, pero aquí estoy, intentando mudarme de la isla para hacer las cosas a mi modo a pesar de lo que pueda ser mejor para mi sistema familiar. A menudo, en la cultura hispana, no hablamos de cosas feas o desastrosas fuera de nuestra casa. No puedo decir siquiera cuántas veces he escuchado, "¿Qué dirían los vecinos si se enteraran?" A veces, esta visión choca con mi valor de la autenticidad. La cultura convencional americana valora el ajetreo, lo cual definitivamente no deja espacio para el descanso. El conflicto interno que experimenté surgió de una diferencia de valores, no porque algo iba "mal" conmigo, ni con mi familia.

Cuando comencé la terapia con mi terapeuta actual (Lindsay, ¡eres un regalo de Dios!), siempre me preguntaba al final de la sesión, "¿Qué vas a hacer esta semana para cuidar de ti misma?" Recuerdo haberme sentido confundida por la pregunta; digo, siempre estoy cuidando de mí—me ducho, como, y voy a lugares por mi cuenta. No siempre entendí que lo que preguntaba era cómo iba a renovarme para vivir mi mejor vida; en otras palabras, ella quería saber qué rutinas de autocuidado iban a apoyar mi bienestar general.

En casa no hablamos del autocuidado, especialmente en una cultura colectivista. No se trataba de lo que yo necesitara sino de lo que era bueno para toda la familia; sin embargo, las mujeres en mi familia son algunas de las personas más auténticas que conozco.

Por parte de mi padre, mi abuela y tías nunca fueron pretenciosas. Mi Titi Lizzie se pintaba los labios todos los días, saliera o no. Mi Titi Carmen adoraba a Mickey Mouse y coleccionaba objetos de Mickey. Mi Titi Hilda cambiaba su peinado constantemente, solamente para divertirse, y usaba brazaletes todos los días, y mi abuela Hilda, mi luz guía, era constante, predecible y amable. Era conocida como la "Alcaldesa de Levittown" porque la encontrabas en su porche casi todos los días, escuchaba atentamente a quien quisiera hablarle y ofrecía lo que tuviera para alimentarte, ella era un elemento esencial en su comunidad.

Por el lado de mi madre, mi Tía Susie es la persona más extraordinaria que conozco. Ella hacía todo de manera excelente, desde cómo planificaba sus días hasta cómo se vestía y se comportaba, también era muy divertida. Ella me trae algunos de mis mejores (¡y divertidos!) recuerdos, ella vive su vida de una manera linda y audaz.

Mi madre siempre ha vivido su vida con una valentía tremenda, ella se fue de la casa de sus padres a los dieciocho años y construyó su propia vida. Cuando conoció a mi padre, se mudó a Puerto Rico y nunca más volvió a mirar hacia atrás. Ella crió una familia en una cultura que no es la propia y ha prosperado, siempre defiende lo que es correcto, cueste lo que le cueste.

Ellos han vivido sin complejos y de acuerdo con sus valores, han tomado decisiones que respetaban lo que era importante para ellos y esto era evidente. Nunca hubo un chisme (o bochinche como se dice en Puerto Rico) acerca de mis tías o abuela, porque ellas eran exactamente como decían que eran en nuestra casa y en nuestra comunidad. Ellas han vivido sus vidas de acuerdo con sus valores—el mayor acto de autocuidado.

Cuando tomo decisiones que se alinean con mis propósitos y con lo que es importante para mí, a menudo me siento fresca, auténtica, y en paz. ¿No son estas las cosas que queremos experimentar a través del autocuidado? Cuando tomo decisiones que no están de acuerdo con mis valores, comienzo a comportarme de una manera diferente de lo que desearía, comienzo a sentirme angustiada, caótica e impaciente. Y ¿no es esto lo que sentimos cuando estamos desgastados y estresados?

Sin embargo, no puedo comenzar a vivir de acuerdo con mis valores hasta que identifique cuáles son esos valores. Lo que sucede con los valores es que pueden cambiar, o aun modificar el orden de importancia, lo que significa que tengo que reflexionar regularmente sobre mi vida para saber lo que es importante para mí. Se necesita una reflexión profunda para reconocer que la persona que quieres ser no es popular ni fácil. Algunas veces puede significar que tienes que poner límites firmes a los demás. Regularmente hago un inventario de mi vida para saber qué funciona y qué no. Busco dos cosas: dónde puedo estar guardando el resentimiento o resistencia y dónde me siento contenta y soy yo misma. Las áreas de resentimiento son, a menudo, aquellas donde tomo decisiones que no honran mis valores. Las áreas de satisfacción son aquellas donde tomo decisiones que se acoplan con mis valores y me siento auténtica.

Hoy en día, en mi vida adulta, reflexiono sobre mi niñez y pienso que lo que realmente hacía era intentar afirmar mis valores y respetarlos de la mejor manera que podía. Algunas veces esto me llevó a tener conflictos con el sistema familiar, pero en realidad, estaba revelando algo verdaderamente hermoso acerca de cómo me quería mostrar ante el mundo. Ser como las mujeres en mi vida era mi propio esfuerzo de autocuidado—presentarme ante el mundo de una manera que es maravillosamente auténtica a quien soy.

Ahora estoy más pendiente de mis valores y de cómo quiero comportarme, utilizo mis valores para guiar el autocuidado. Cuando comienzo a sentirme abrumada o estresada, pienso en dónde puedo apoyarme para reconectar conmigo misma, me esfuerzo para respetar las cosas que son importantes para mí. Esta práctica de autocuidado me ha permitido encontrar la verdadera paz y descanso que siempre me había faltado. Me ha dado una luz guía y me ha dado el espacio para mostrarme tal y como soy.

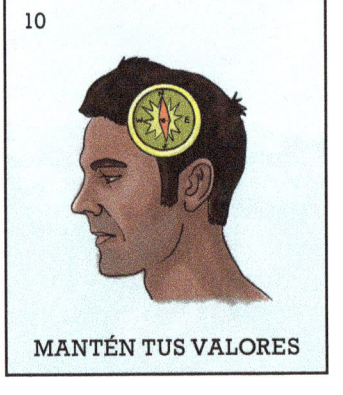

10

MANTÉN TUS VALORES

Identifica tus valores
Práctica de autocuidado de Hilda McClure

Puede ser muy difícil identificar nuestros valores, especialmente si este concepto es nuevo para nosotros. Aunque hay muchas maneras de identificar los valores, como reunirse con un asesor de carrera o hacer un inventario de vida en línea, pienso que una de las maneras más fáciles de comenzar a identificar esos valores es pensar en ocasiones o algunos momentos en la vida, donde las cosas se sentían "bien"— donde todo era exactamente como se suponía que debía ser. Cuando pienses en estos momentos, piensa qué hizo especial estos recuerdos, y lo que específicamente lo hizo sentir "correcto". Escribe estas cosas y observa si hay algún patrón común.

Usa la lista debajo (o alguna que encuentres en línea), escoge de diez a quince palabras que concuerden con tu experiencia y sean importantes para ti. Luego, organiza tu vida en categorías: trabajo/educación, diversión, relaciones, crecimiento personal/salud y, por último, clasifica tu lista de valores bajo cada una de las categorías. Podrías encontrar que haces una lista larga para algunas categorías mientras que otras no, y esto está bien.

Después de identificar tus valores, reflexiona sobre una o dos áreas de tu vida donde has experimentado momentos dolorosos. Observa si hay alguna incongruencia entre tus valores y la situación. Básate en esto para tomar decisiones que se acoplen a tus valores en estas situaciones difíciles. Sigue adelante, y una vez que has identificado tus valores, puedes utilizarlos para tomar decisiones sobre cómo te quieres presentar ante el mundo. Cuando las cosas se pongan difíciles o confusas, regresa a tu sistema de valores como tu ancla, y deja que tus valores sean tu luz guía.

Valores			
Actividad física	Amistades	Aprendizaje	Armonía
Autoexpresión	Autonomía	Avances	Ayudar a otros/ servir
Compasión	Competencia	Construir algo	Crear algo nuevo
Crear belleza	Crear cambios	Crear información	Creatividad
Desarrollo personal	Descanso	Diversión	Dominar una técnica/campo
Emoción/reto	Emprender	Equilibro	Escuchar
Espiritualidad	Estabilidad	Estatus	Fama
Familia	Felicidad	Igualdad	Independencia
Influenciar a otros	Integridad	Liderazgo	Logros
Mejorar o perfeccionar	Pertenecer a un grupo	Protección	Reconocimiento
Repara o arreglar	Respeto	Retos	Riqueza
Sabiduría	Salud	Seguridad	Seguridad económica
Tenacidad	Toma de decisiones	Toma de riesgos	Trabajo en equipo
Visión			

Preguntas para una conversación:

- ¿Quiénes son las personas a las que más admiras? y ¿por qué?

- ¿Cuáles son tus quince valores principales? ¿Con cuáles puedes vivir más fácilmente?

- ¿En qué áreas de tu vida sientes que honras tus valores más importantes?

- ¿En qué áreas de tu vida experimentas angustia por la incongruencia de tus valores y las circunstancias? ¿Cómo puedes tomar una decisión diferente que honre más tus valores en estas áreas de tu vida?

- ¿Cómo puedes continuar viviendo una vida de acuerdo con tus valores en el futuro?

Hilda H. McClure, LPC

Hilda McClure es una profesional consumada quien ha contribuido significativamente al campo de la asesoría. Como Directora de Operaciones de Cannenta Center for Healing and Empowerment (Centro Cannenta para la Curación y el Empoderamiento), y Miembro Fundador de la Junta Directiva de Cannenta Foundation (Fundación Cannenta), Hilda juega un papel muy importante al promover la salud y fortalecimiento de las comunidades marginalizadas.

Sus credenciales incluyen una Maestría de Arte en Asesoría de Dallas Theological Seminary y una Licenciatura de Ciencias en Educación Infantil de Dallas Baptist University. En la actualidad es una Asesora Profesional Licenciada (LPC por sus siglas en inglés), especializada en adultos. Su compromiso hacia sus clientes se refleja en su entrenamiento en Terapia de Desensibilización y Reprocesamiento por medio de Movimientos Oculares (EMDR por sus siglas en inglés), Terapia de Somatic Experience®, en proceso de capacitación y asesora bilingüe de terapia centrada en el trauma.

Hilda está siempre dispuesta a compartir su conocimiento y experticia con otros profesionales en su campo para mejorar sus destrezas y poder ayudar a otros. Ella ha capacitado a otras personas con las destrezas necesarias para ayudar a las familias hispanas a entender el proceso de adaptación a la cultura. Su dedicación a la profesión es evidente en sus frecuentes presentaciones en campo del desarrollo infantil y teorías psicológicas, y modalidades para grupos de profesionales. Hilda es también una profesora adjunta del Dallas Christian College, donde comparte su experticia con la nueva generación de asesores.

El compromiso de Hilda hacia la asesoría está demostrado por su dedicación a ayudar a las personas a convertirse en su mejor versión, ella intenta cultivar las fortalezas de sus clientes para que puedan sobreponerse a sus retos y alcanzar sus metas, y su trabajo ha impactado significativamente la vida de muchas personas. Su experticia en la terapia enfocada en el trauma y sus destrezas de asesoría bilingüe son particularmente valiosas en su servicio a las comunidades minoritarias.

Hilda McClure es una persona excepcional quien ha hecho contribuciones significativas al campo de la asesoría. Su compromiso para fortalecer a aquellas comunidades marginalizadas, su dedicación por compartir su conocimiento y experticia con otros profesionales, y su pasión por ayudar a las personas a convertirse en las mejores versiones de sí mismos son un testamento a sus destrezas, compasión y dedicación.

Once

Vive a la altura de tu potencial

Britany Myers

Durante toda mi niñez, a menudo era un reto conseguir la paz en casa. En esos años delicados estuve expuesta a cada tipo abuso que existe: físico, mental, emocional, sexual y abuso de drogas y alcohol. Al comienzo había "paz", ya que ignoraba la disfunción que me rodeaba, como les pasa a muchos niños. Esa paz pronto se volvió añicos y comencé un largo camino para encontrarla nuevamente.

Antes de ser sujeta a todo este abuso en mi casa—y antes de que entendiera que esta no era la manera como todos vivían—yo era una estudiante sobresaliente. Comencé la escuela y estaba a la cabeza de mi clase. El personal de la escuela le pidió a mis padres permiso para pasarme al próximo grado antes de tiempo porque no tenía ningún reto en mi kínder. Decidieron que pasaría de grado junto con mis

compañeros y, si todavía sobresalía para el final del año, pasaría al tercer grado. Durante ese año escolar se me destrozó el espíritu; sin saber que era inusual, le conté a mi niñera que mi padre me abusaba sexualmente, en pocas horas vinieron dos policías a la casa de la niñera y me pidieron hablar con ellos. En mi cabeza de niña de seis años, inmediatamente imaginé que iba a ir a la cárcel, y me sentí aterrorizada. Esto sucedió en 1979 y el trauma psicológico estaba—como yo—en su infancia, estábamos destinados a crecer juntos.

Después de este primer testimonio, me enviaron a grupos, terapeutas, asesores escolares, y a la iglesia para que me "ayudaran". Lo que nadie pareció notar, inicialmente, fue que la niña brillante, que una vez fue sobresaliente, iba decayendo. Nadie notó que pasé de tener A en todo, a reprobar. Y cuando finalmente lo notaron, ¿cuál fue la respuesta de los adultos a mi alrededor? ¿Apoyo? ¿Unir frentes? Por el contrario, fue la burla. Escuché lo mismo de mis maestros, terapeutas, asesores escolares, el clero, mis padres y aún de mi abuela. "No estás alcanzando tu potencial". Puedo decir ahora, en retrospectiva, que tenían razón, yo era la única que conocía la historia que explicaba los obstáculos en mi camino, y era demasiado joven para explicarlo en ese entonces. Encima de eso, las personas con la sabiduría y recursos para ayudarme a sobrellevar esto, me castigaban. El trauma y yo continuamos nuestra travesía peligrosa, un dúo desventurado. Este capítulo proporciona una voz a esa niña pequeña, para que otros como yo, reciban el apoyo que necesitan ¡para demostrar su resiliencia!

Tras bastidores estaba el hecho de que en mi escuela no sabían que, aunque el perpetrador del abuso sexual había sido expulsado de mi casa, el abuso no terminó—solo cambió. Mi madre tenía veintitrés años solamente y tenía tres niñas: de tres, cuatro y otra que acababa de cumplir los seis años. Ella se había casado con mi padre pocos meses antes de que yo naciera, yéndose de la casa de sus padres y comenzando su vida matrimonial. Al encontrarse con la nueva situación y reporte de abuso, ella se vio sola con tres hijas pequeñas. Ahora no podía pagar la guardería después de la escuela y nos enviaban a casa (a los cinco, seis y siete años), donde comenzábamos nuestro tiempo de niñas desatendidas. Me enseñaron a lavar la ropa y cocinar la cena cuando tenía ocho años, y todo tenía que estar listo antes de que mi madre llegara a casa; si no, habría una paliza, o por lo menos, gritos y palabrotas. Recuerdo que muchas adolescentes del vecindario nos cuidaban mientras mi madre salía con hombres, y también recuerdo despertar una noche y encontrar que, aunque había una niñera cuando me fui a dormir, no había nadie cuando desperté. Me senté y lloré en la oscuridad hasta que mi madre llegó a casa, horas después. Este es un vivo retrato de lo que era mi niñez—aterrorizante, oscura, fría, y a menudo solitaria, sin ninguna idea de qué hacer después.

Aunque los juzgados ordenaron que mi padre fuera supervisado cuando nos visitaba, esto duró muy poco. Al comienzo, mi madre nos acompañaba cuando lo visitábamos, luego permitía que mi padre nos llevara a la casa de sus abuelos y al final, permitió que pasara la noche o el fin de semana en casa de los abuelos o en el apartamento de mi papá. A los ocho años comenzó nuevamente el abuso sexual. Luego, ya cuando

era adulta, mi madre me explicó que permitirle este contacto reducía la oportunidad de tener niñeras irresponsables que nos dejaran solos en casa; también me explicó que ella sentía que él había "aprendido su lección", y dijo, "Él prometió que esto jamás pasaría nuevamente". Al escuchar esto, pensé, "¡Oh, sí, porque ¿no hay ningún pederasta que haya dicho esto antes?!"

Cuando mi madre conoció al hombre que finalmente se convertiría en mi padrastro, ya no me dejaba sola en casa en las noches, aunque yo seguía teniendo las mismas responsabilidades después de la escuela. Las cenas familiares con mis hermanas cambiaron también, porque mi madre ahora llevaba el plato de comida para mi padrastro y para ella al cuarto, y comían juntos, mientras mis hermanas y yo comíamos en la mesa de la cocina. Los fines de semana eran de fiestas de sol a sol, donde los amigos de mi padrastro traían alcohol y "cigarrillos que olían raro", y escuchaban música ruidosa aún después de que nos íbamos a dormir. Un día en que no fui a la escuela porque estaba enferma y me quedé en casa, mi padrastro me abusó sexualmente, tenía diez años; aunque le dije a mi madre acerca del abuso, ella se rehusó a creerme, y mi padrastro se quedó en la casa.

Mi padrastro y mi madre abusaban del alcohol y de las drogas cada vez más. Mi madre me maltrataba físicamente por cualquier infracción cuando estaba intoxicada, golpeándome con cinturones o dándome cachetadas que me hacían sangrar la nariz; yo no tenía claro con qué nivel de "disciplina" o agresión me castigaría, yo simplemente me mantenía en guardia. Cultivaban la marihuana en casa, a menudo no pagaban los recibos y, muchas veces, cortaban nuestra electricidad y agua. Durante mi último año de la secundaria me bañaba en casa de otros y solamente usaba el baño en la escuela porque no había agua en casa.

Durante este tiempo tumultuoso, reporté nuevamente el abuso sexual de mi padre, lo arrestaron y lo enviaron a prisión. Aunque esto nos mantuvo protegidas, nos quitó la manutención que él pagaba mientras estaba libre, no era seguro estar en casa con mi madre y mi padrastro; no solamente por las drogas, sino porque todos los meses, desconectaban algún servicio por impago.

Al mismo tiempo, mis notas seguían decayendo. Muchos de mis compañeros vivían en el vecindario, sabían del abuso en mi casa y me señalaban como "piojosa" y me decían cosas como "¡No me toques que me contagias tus piojos!" Esto lo escuchaba muchas veces al día desde segundo hasta aproximadamente el décimo grado, cuando nos mudamos a un nuevo vecindario y una nueva escuela. En segundo grado, el psicólogo de la escuela me hizo pruebas, y determinó que no había problemas con mis habilidades cognitivas que explicaran mis notas deficientes, era simplemente que no estaba "alcanzando [mi] potencial". Entre el acoso y el prejuicio que recibía de los maestros y trabajadores en la escuela primaria, no sentía que la escuela fuera un lugar seguro. Pasé de ser la más avanzada de la escuela en kínder y primer grado a un salón autocontenido de educación especial en tercer y cuarto grado, donde el apoyo

emocional de mi equipo de educación especial me permitió destacarme nuevamente. Pero luego reprobé mi sexto grado en un salón "regular", y finalmente, pasé el resto de los grados a duras penas, hasta que me gradué.

En mi infancia, sin una comunidad que me mantuviera segura, ¿dónde podía encontrar paz? Para mí fueron los múltiples "buses de la misericordia" que pasaban por mi vecindario. Cada vez que alguno pasaba, yo me subía porque sabía que la parada final iba a ser una iglesia. No sabía la fe ni denominación, pero francamente, no me importaba. Lo que sí sabía es que, por esas pocas horas, los adultos a mi alrededor me ayudarían a pasar por la jerarquía de las necesidades de Mazlow: Ellos atendían mis *necesidades fisiológicas* con comida, ropa, agua. Me ofrecían *seguridad*, al mantenerme separada del abuso físico y sexual en casa. Me daban *amor y sentido de pertenencia*, al proporcionarme un espacio donde no era "la piojosa",—en vez de eso, yo era una parte especial de un todo, y me recordaban esto a menudo. Me proporcionaron la *estima*, ya que el *amor* y el *sentido de pertenencia* me permitían sentirme libre, aumentó mi autoestima e identificó mi valía. Y me permitieron la *autorrealización*—el deseo de convertirme en lo mejor que uno podía ser. Todo esto es lo que Mazlow llamaría "vivir a la altura de mi potencial".

Al visitar estas comunidades de fe, pude sentir el valor de pertenecer a una comunidad. También desarrollé una red de apoyo y aprendí técnicas de meditación. Más tarde, en mi terapia, descubriría que estos eran poderosos mecanismos de superación. Aprendí a mantenerme calmada por dentro, mientras todo a mi alrededor era un caos; a encontrar un lugar seguro dentro de mí cuando todo afuera era aterrador y peligroso. Me gustaba escribir cartas a aquellos que fueron importantes para mí, especialmente a una maestra de mi séptimo grado, con quien todavía mantengo contacto. Descubrí que escribir en un diario me permitiría liberar todos estos sentimientos, en vez de mantenerlos dentro. Hay muchas formas de mantener un diario: escribir, dibujar, pintar, hacer vitrales; estas formas de relajación me han permitido obtener una nueva perspectiva y planificar mi ruta de vida mejor. Me ha hecho verme a mí misma de manera más objetiva; y una vez que puedo hacer esto, puedo celebrar los triunfos y navegar los retos.

El viaje de autodescubrimiento me ha dirigido a una de las herramientas que más valoro: la terapia. Mi comunidad religiosa me ha animado a ir a terapia, aunque al comienzo me resistí porque había tenido malas experiencias con la terapia cuando era niña. Cuando reporté por primera vez el abuso a los seis años, el Servicio de Protección de Menores nos obligó a mi madre, mis hermanas y a mí, a participar en terapia. La experiencia que tuve era de un lugar donde te decían qué sentir y qué hacer; yo era una buena estudiante y lo hice, pero no obtuve lo que necesitaba.

En mis veintitantos años, varios amigos cercanos que estaban en terapia me exhortaron amablemente a intentar una vez más y lo hice. Comencé con terapia individual y luego pasé a terapia de grupo para adultos que habían sobrevivido el incesto; era un grupo de alrededor de doce mujeres, y todas tenían alrededor de cuarenta años, pero yo tenía solamente veintiuno. Estuve allí por tres años y me

hice cargo del grupo durante el último año. Estas mujeres eran muy amables y alentadoras, y estaban asombradas de lo joven que yo era para haber pasado por esto; por el contrario, yo estaba asombrada de que hubieran tenido que esperar tanto tiempo para tener la oportunidad de procesar esta experiencia. La lección que aprendí es que ¡la terapia funciona!

Alrededor de esta misma época, pensando en las estrategias inadecuadas en mi casa, tomé algunas decisiones. Primero, no tendría un hijo hasta que me graduara de la secundaria, como mínimo. No utilizaría sustancias controladas, había visto la negligencia y la violencia que el abuso de sustancias causaba. Iría a la universidad y me graduaría, e idealmente, no comenzaría una familia hasta después de esto. Viviría a la altura de MI potencial…¡aquel que establecería por mí misma!

También reconocí en ese entonces, que no me atraían los hombres, no estaba interesada en tener citas con ellos. Hacia el final de la década de los 1980 y comienzos de los 1990, la homosexualidad estaba ligada a la epidemia de SIDA, por eso, ser lesbiana no inspiraba seguridad. También, en las comunidades religiosas donde a menudo encontré mi paz, intentaban adoctrinarme para creer que, si yo era homosexual, Dios no me amaría y me iría al infierno. Había vivido en el infierno toda mi niñez—no trataría de pasar una eternidad allí tampoco. Más aún, al buscar amor y aceptación, la idea de perder el amor de mi poder mayor era insostenible. Por eso algunas de las necesidades que mi comunidad religiosa me había ayudado a satisfacer en mi niñez, comenzaban a erosionarse. ¿Cómo alcanzaría mis metas personales? ¿Cómo me convertiría en mí misma? ¿Quién era? ¿Cuál es mi "potencial"?

En la universidad, pude encontrar aceptación en una comunidad religiosa dentro de mi denominación y ahora, en retrospectiva, creo que es cuando alcancé el cénit de Mazlow. Encontré una comunidad que afirmaba que Dios es amor, Él me amaba, la comunidad me amaba, y no tendría consecuencia para ellos ni para Dios a quien yo amara—ellos solamente querían que yo encontrara la felicidad, amar y ser amada. Esta comunidad me ayudó a destacarme en la universidad, escuela de graduados y en mi profesión. Mientras tanto, continuaba haciendo un inventario interno a través de la meditación, escribir en mi diario, y durante mis horas emocionales más oscuras, terapia y asesoramiento.

¿Mi profesión? Bueno, no es lo que pensé que sería. De niña me interesé en el lenguaje de señas americano. Comencé a aprenderlo cuando tenía ocho años y pensé que sería una maestra para la comunidad sorda y con dificultades auditivas. En algún momento, mientras manejaba a casa, después de la terapia, me preguntaba dónde iba a terapia la gente sorda y con dificultades auditivas y si tener un intérprete afectaba la confidencialidad. Pensé que si me convertía en una terapeuta podía proporcionar las terapias sin un intérprete, por eso comencé a estudiar psicología en la universidad. Mientras estaba en la universidad, una amiga me dijo, "Pienso que serías una mejor trabajadora social que psicóloga", le respondí que jamás sería una trabajadora social. Durante la investigación de mi abuso sexual, mis interacciones

con los trabajadores sociales fueron decepcionantes y desagradables. Ella me exhortó a "solamente revisar el programa". Lo hice, y no pasó ni una hora para darme cuenta de que estaba donde debía estar. Recibí mi licenciatura y mi maestría en trabajo social, y ahora soy Trabajadora Social Clínica Licenciada (LSWC, por sus siglas en inglés). He adorado cada momento de esta autorrealización, me encanta trabajar con personas y compartir las herramientas que encontré en mi travesía a través del trauma. Aparte de la aventura, está la emoción de aprender acerca de nuevas herramientas para ayudar a aquellas personas que han pasado por el trauma.

Aunque el trauma no ha sido el compañero de viaje que habría escogido para navegar por la vida, me ha enseñado mucho. Me ha enseñado que soy tenaz, resiliente, inteligente, fuerte. Me ha enseñado compasión, aceptación y, ultimadamente, me ha enseñado amor. Más que todo, me ha enseñado que el trauma y yo no estamos haciendo un viaje en solitario. He aprendido que más allá del trauma existe una comunidad con regalos de amor, compasión, información, resiliencia y un corazón que escucha.

De niña, en el tiempo más oscuro del abuso, negligencia y dolor, me decía a mí misma, "La vida es horrible ahora, pero Dios tiene un plan mejor para mí cuando crezca. La vida será mejor entonces". Esa niña pequeña no tenía idea de lo verdadero que serían esas palabras después de más de cuarenta años. Estoy orgullosa de decirle—y decirte—la vida es maravillosa ahora, y ¡tu potencial es tuyo! ¡Tú lo estableces y tú lo alcanzas!

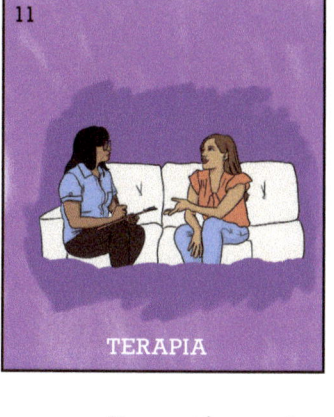

TERAPIA

Terapia

Práctica de autocuidado de Britany Myers

Como se puede notar en este capítulo, mi viaje está lleno de curvas y cambios. La terapia ha sido una línea de vida constante de la que puedo agarrarme en tiempos de crisis. Para mí, la terapia funciona mejor cuando estoy a cargo y escojo los terapeutas y métodos que se sienten bien. Es una bendición cuando encuentras un terapeuta con quien puedes conectar. Yo considero varias cosas cuando decido ir a terapia y al escoger un profesional con quien trabajar:

- La vida está llena de altibajos, baches, colinas y también montañas. Cuando estoy en una cuesta que no puedo subir por mi cuenta—cuando necesito a alguien que tome la otra punta de la línea de vida—a menudo llamo a un terapeuta.

- Veo a los terapeutas y la terapia de la misma manera en que veo a otros especialistas en medicina: no siempre necesito uno, pero si no me siento bien, ¡voy! Pienso en los terapeutas (y psicólogos, trabajadores sociales, y asesores) como proveedores de tratamiento para emociones y sentimientos.

- Tengo que recordar que mi hermana, mejor amiga, esa dulce señora en la iglesia, mi vecino y mis colegas no son mis terapeutas. Ellos son lo que son para mí, la decisión de ir a terapia es personal y solamente yo puedo decidirlo.

- Recuerdo que estoy contratando a un terapeuta para hacer un trabajo, igual que contrataría a un contable para preparar mis impuestos. Después de las tres primeras sesiones reflexiono, y si no estoy satisfecha, reconozco que debo encontrar a otra persona.

- Con la terapia puedo aprender y acceder a destrezas que pueden haber pasado desapercibidas, como escribir en un diario, arte y terapia creativa, meditación, encontrar un espacio y una comunidad seguros (rodearme de personas que me apoyen), empoderamiento y una manera de reclamar mi potencial.

- Por último, lo que he aprendido es que obtengo exactamente lo mismo que he invertido. Si entro sintiendo que no tengo el deseo de trabajar duro, no obtendré el gran beneficio de la sesión; si, por el contrario, desnudo mi alma, por lo general salgo más ligera—menos pesada y emocionalmente más iluminada.

Britany Myers, LCSW

Britany Myers es una Licenciada con Maestría en Trabajo Social Clínico (LCSW, por sus siglas en inglés) quien cuenta con una experiencia exhaustiva en el campo del trabajo social. Ella tiene una Maestría en Trabajo Social de Texas A&M University-Commerce y una licenciatura en trabajo social de Texas Woman's University. En la actualidad, Britany se desempeña como trabajadora social clínico en el Cannenta Center, donde proporciona servicios a las personas que lidian con problemas de salud mental.

Britany es una terapeuta diestra, especializada en trabajar con jóvenes y adultos que han sufrido trauma, depresión, ansiedad y otros síntomas que impactan sus vidas cotidianas o sus relaciones. A ella le apasiona el trabajo en asuntos relacionados con la comunidad LGBTQIA. Britany tiene entrenamiento en Terapia Cognitivo-Conductual (CBT por sus siglas en inglés), Asesoramiento Prematrimonial (SYMBIS por sus siglas en inglés), y asesoría focalizada en el trauma. Britany también es terapeuta clínico bilingüe, habla inglés y lenguaje de señas americano (ASL por sus siglas en inglés), y proporciona servicios a la comunidad de personas sordas o tienen problemas auditivos.

A lo largo de su carrera, Britany ha sido parte del desarrollo e implementación de programas enfocados en mejorar la vida de las comunidades vulnerables. En 2002, ella ayudó a desarrollar el currículo de Iglesia Segura, que ahora se conoce como Resguardo de los Hijos de Dios. Ella ofrece presentaciones a la comunidad relacionadas con el bienestar infantil para la Diócesis Episcopal de Dallas. Durante su tiempo en el Texas Department of Family and Protective Services (Departamento de Servicios para la Familia y de Protección de Texas), Britany codesarrolló un currículo con antiguos jóvenes de acogida y empleados del TDFPS titulado "Conversaciones sobre un Tabú", el cual se enfoca en la desproporción de jóvenes LGBTQIA en el sistema de protección de menores.

En adición, Britany ha trabajado con un albergue local para víctimas de la violencia doméstica, donde ella a empoderado a sus clientes a través de sesiones individuales y grupos de resiliencia del trastorno de estrés postraumático (PTSD por sus siglas en inglés; también creó un grupo de protección de menores llamado CPS101 para dotar a los sobrevivientes con información de las posibilidades y límites de TDFPS, sin importar el estado actual de sus familias.

Actualmente Britany proporciona servicios a estudiantes de educación especial en el distrito escolar del Texas-Norte, donde desarrolla un programa extracurricular para juventudes en riesgo desde el sexto al doceavo grado. También trabaja como directora de relaciones y educación comunitaria para una empresa de consultoría y manejo de crisis que asiste a las familias en mantener a sus hijos seguros.

Con su amplio rango de destrezas, experticia, y pasión por ayudar a los demás, Britany es un valioso recurso a cualquier comunidad u organización.

𝔇𝔬𝔠𝔢

Mi travesía hacia el amor propio

Elizabeth Jurado

Existen muchos retos al crecer en una familia mexicana en los Estados Unidos: Desde no ser suficientemente mexicana a no ser suficientemente americana. De no hablar inglés correctamente a no hablar español correctamente. Como el famoso dicho, "Ni de aquí, ni de allá". Me tomó un tiempo encontrar dónde encajaba dentro de todo. Poco a poco tuve que sobreponerme a los traumas generacionales, comenzar el proceso de sanación y rodearme de personas que realmente me entendían. El autocuidado es un término que jamás escuché cuando crecí, me enteré de que existía cuando comencé la universidad. Al principio no entendía bien el concepto, toda mi vida me enseñaron a poner a los demás primero, a obedecer y a no hacer preguntas. Ponerme de primera era egoísta y de mala educación. En ese entonces no sabía que este sería el comienzo de mi travesía hacia el amor propio.

Vivir en los Estados Unidos, lejos de la mayoría de mis primos, tíos, y tías, me hizo sentir desconectada de mi cultura. Mi madre era la única de las hermanas que decidió seguir el sueño americano. Me di cuenta de que mi madre también estaba perdida en un país en el cual no creció. Conectar con mi cultura se convirtió en parte de mi identidad y me ayudó a darme cuenta de quién realmente era yo. Tenía que llenar ese vacío para recorrer ese camino hacia amor propio. Comencé a preguntarle a mi madre por las tradiciones familiares que ella tenía con sus hermanos en México. Me di cuenta de lo fuerte y motivadora que es nuestra cultura al aprender sobre las hermosas celebraciones como el Día de los muertos, la Nochebuena y la comida deliciosa asociada con estas celebraciones. Leer libros como *¿Qué haría Frida?* de Ariana Davis, me proporcionó un entendimiento de cómo creer en mí misma y ser auténtica. Aunque me sentí perdida en medio de dos mundos, sabía que no estaba sola.

A medida que fui aprendiendo y aceptando muchos aspectos de mi cultura, también comencé a identificar algunas expectativas de la cultura que me estaban pasando factura. Aunque mi madre nunca compartió su propio trauma mientras estaba pequeña, podía ver el dolor en sus ojos. Mi madre y yo lidiamos con la ansiedad, depresión, y la autoestima. En la cultura mexicana, hablar de los sentimientos se percibe como una debilidad y se incentivan mecanismos de defensa negativos como tomar alcohol para ayudar a "olvidar las penas". La ayuda profesional, como acudir a terapia se ve como una vergüenza en la dinámica familiar. "¡¿Por qué le vas a contar tus sentimientos a un extraño?! ¡Solamente necesitas un trago de tequila para que el dolor se vaya!", es uno de los consejos comunes entre los miembros de la familia.

Existía una presión implícita sobre mí al ser la mayor de tres hijos. Tenía la expectativa de mantener un alto estándar para mis hermanos y que fuera la hija perfecta. Sin saberlo, mi salud mental se deterioraba y mi autoestima se iba en picada. No me di cuenta hasta que comencé la universidad, cuando me ofrecieron sesiones de terapia. Luché internamente para llenar la planilla de entrada; inmediatamente comencé a minimizar mis necesidades y decirme a mí misma, "no necesito esto, estoy bien, esto es solamente para las personas que están realmente pasándola mal, yo no estoy pasándola mal, estoy bien". Después de algunos días de contemplación, agendé mi primera sesión. Cuando me senté en la silla, el primer día de mi cita, podía sentir la ansiedad. Entré a la sala donde la terapeuta me estaba esperando. Nos presentamos y comencé a compartir todas las cosas buenas que estaban pasando en mi vida, diciéndole a la terapeuta, "no necesito esto, estoy bien, esto es solamente para gente que lo está pasando mal. Yo no, yo estoy bien". Entonces la terapeuta me preguntó "¿Por qué estás aquí realmente? ¿En verdad está todo bien?" En ese momento, mi escudo se reventó en mil pedazos y comencé a llorar sin siquiera saber por qué. Nunca nadie que me preguntó si yo estaba realmente bien. Ella podía percibir mi dolor, de la misma manera como yo podía ver el de mi madre. Después de ese día la terapia se convirtió en una de las mejores inversiones que he hecho en mi vida. Me ha permitido procesar situaciones difíciles, como el abandono de mi padre. Me ha ayudado a encontrar mi propia voz, redujo mi ansiedad, y ¡mucho más!

Trabajé mucho para comenzar a poner límites; sí, lo sé, es más fácil decirlo que hacerlo, créeme, esto tiene que establecerse. Cuando no se establecen los límites las personas se aprovechan de ti. Como he compartido antes, era normal decir "sí" a todo lo que me pedían. Aunque hubiera querido decir "no", sentía que necesitaba dar una explicación. Con el autocuidado, aprendí a querer y a adoptar la palabra "no", sin remordimientos. Al decir "no", me estoy poniendo a mí misma primero y refuerzo los límites. He sido capaz de priorizar mi bienestar y no sobrecargarme y tener muchas cosas sobre mis hombros.

Recuerdo la primera vez que le dije "no" a mi madre—el suelo tembló. Esta incomodidad en la sala creció, y no había nada más que silencio. Mi madre siempre dependía de mí para llevarla al trabajo, ir de compras, etc. Aunque ella tenía su propio carro, estaba aterrada de manejarlo, le asustaba salir sola. Manejaba si alguien iba con ella, pero no podía manejar sola. Un día cuando me estaba arreglando para ir al trabajo, entró a mi cuarto y dijo "Necesito que me lleves a la tienda a hacer la compra, vamos a tener invitados y necesito prepararles comida", yo iba retrasada a mi trabajo, y sabía que ella podía ir a la tienda por sí sola. Le dije, "Mamá, no puedo seguir llevándote a todos lados. De ahora en adelante, mi respuesta será 'no'". Mi madre interpretó mi respuesta como una falta de respeto, su silencio lo dijo todo. Al día siguiente nos sentamos y hablamos de lo que había sucedido. Yo le reiteré que no estaba intentando desafiarla, quería que ella se sintiera capaz de manejar dondequiera sin depender de otros. Ella entendió mi punto y decidió desafiar a su miedo. Aunque manejar es fácil para muchas personas, para mi madre fue un gran logro. El día que manejó sola a su trabajo y regresó, lloramos juntas. Este fue el punto en que mi madre comenzó a enfrentar sus miedos y a ser independiente. Ahora ella me dice "no", cuando le pido que me lleve a algún lugar.

También aprendí que es más fácil establecer mis límites cuando me apego a una rutina. Una de mis cosas favoritas ha sido incorporar el uso del calendario. Escojo un día del fin de semana donde me siento y planifico la semana siguiente, priorizo el tiempo para mí, las citas médicas, proyectos que debo terminar, pago de recibos, etc. Una vez que tengo mi lista de prioridades, me pongo recordatorios en mi teléfono para seguirles la pista. Con el calendario también planifico mis comidas para la semana, ir de compras y preparar la comida los domingos funciona bien para mí.

Ahora vivimos en un mundo donde los aparatos electrónicos son parte de la vida diaria. Desconectarse de ellos antes de dormir es imperativo, si me sorprendo a mi mima revisando mis redes sociales antes de dormir, lo más posible sea que pierda el sueño. Tengo una rutina de "prepararme para ir a la cama", en la cual me cepillo los dientes, me pongo una máscara en la cara y me pongo los pijamas. Relajarme despúes de un duro día y recargar mis baterías es parte de mi rutina diaria.

Es esencial tener una hora de dormir para obtener el descanso que mi cuerpo y mente necesitan. El descanso es una parte imprescindible del autocuidado. Si no descanso lo necesario, mi cuerpo me va a forzar a tomar una pausa, y créeme no es bonito. Hace aproximadamente un año y medio, sufrí un ataque de pánico mientras manejaba en

la autopista. Sentí que me iba a desmayar y perder el control de mi carro—en ese momento, no era consciente de lo que mi cuerpo estaba sintiendo. Afortunadamente, me pude salir del camino y pedir ayuda. Una vez que el doctor me examinó, me aconsejó bajar mi nivel de estrés y descansar. Por esta razón es tan importante tomarse el autocuidado seriamente; literalmente, puede salvar la vida.

Durante la última fase de mi camino hacia el autocuidado, comencé a aprender lo que disfrutaba hacer, además de mi trabajo de tiempo completo. Hice una lista de las cosas que no eran muy costosas, pensando en cuidar de mis finanzas, y encontré una conexión con la naturaleza, comencé a explorar el senderismo con mis perritos Boston terrier, Mila y Leo. Salir a caminar y hacer ejercicio me ha ayudado a mantenerme activa y salir de casa. Puede sonar simple, pero caminar ayuda al cuerpo a relajarse y a tomar aire fresco. Conozco otras personas que pintan, tocan música, aprenden otro idioma, o adquieren un pasatiempo como una manera de tomar tiempo para ellos mismos y enfocarse en algo que les gusta.

Mi camino hacia el autocuidado está lleno de lecciones y descubrimientos. No puedo creer lo mucho que me ha ayudado el ponerme a mí misma en primer lugar. En retrospectiva, he identificado cinco pasos en mi travesía al autocuidado:

Paso 1: Tuve que averiguar cómo conectar con mi cultura.

Paso 2: Tuve que enfrentarme al trauma generacional.

Paso 3: Tuve que aprender a poner límites.

Paso 4: Tuve que establecer rutinas y apegarme a ellas.

Paso 5: Tuve que encontrar pasatiempos.

No tenía ni idea de que mis esfuerzos para el autocuidado iban a tener tanto impacto en mi familia. Puedo decir con orgullo que mi madre ha comenzado a ir a terapia, está encontrando su propio camino hacia el amor propio. Es verdaderamente asombroso ver cómo se pueden romper las cadenas del dolor generacional. Nunca, ni en un millón de años, pensé que ella lo consideraría. Estoy feliz de ver que ella se pone a sí misma en primer lugar.

12

VISUALIZA

Visualiza tu travesía al autocuidado

Práctica de autocuidado de Elizabeth Jurado

Si no estás segura de dónde comenzar, sigue los cinco pasos y visualiza lo que querrías que tu camino incluyera. Puedes escribir, crearlo de manera visual (como una cartelera de visión), o hablarlo con un amigo. Las preguntas debajo te ayudarán a reflexionar en cada paso en tu viaje hacia el autocuidado:

- Si tú eres alguien que lucha para encontrarse a sí misma, ¿has conectado con tu cultura? ¿Cuáles serían algunas maneras en las que puedes comenzar a conectar?

- ¿Has considerado la terapia como una manera de ayudarte con tu propio autocuidado? ¿Hay algunos patrones en tu familia que te gustaría cambiar o interrumpir? Haz una lista de las cosas que quisieras lograr para tu salud mental.

- ¿Cuáles son algunos límites que puedes establecer para mejorar tu autocuidado?

- ¿Qué rutinas puedes crear que te permitan lograr lo que necesitas en el día y evitar el embotamiento?

- ¿Qué actividades o pasatiempos disfrutas?

¡Recuerda ser auténtica contigo misma! La sociedad ha creado una imagen falsa de lo que debe ser la vida. Encuentra tu identidad, prueba cosas nuevas, y no permitas que otros te impidan disfrutar tu vida, habla con amigos acerca de lo que quieres lograr, apóyense unos a otros y sean aventureros. El autocuidado es divertido y, una vez que lo comprendes, no querrás abandonarlo. Siempre piensa que tú estás en control de cuánto tiempo inviertes en ti misma. Si estás dispuesta a entregarte en pleno a cosas como tu trabajo, no hay razón por la que no debas darte el mismo tiempo para el autocuidado. El autocuidado te fortalece, te hace darte cuenta de tu valor como persona y te enseña que, al fin de cuentas, a la única persona que necesitas, es a ti misma.

ELIZABETH

Elizabeth Jurado, MSW

Elizabeth es una profesional de la salud mental con muchas destrezas, quien ha dedicado su carrera a ayudar a personas, familias, y comunidades a sanar y a prosperar. Elizabeth cuenta con una Maestría en Trabajo Social de Texas A&M University-Commerce, y ha recibido entrenamiento extenso, desarrollando gran experticia en varias áreas del trabajo social.

Elizabeth ayuda a sus clientes a mejorar sus conocimientos de las finanzas y a alcanzar una estabilidad financiera con su Certificación de Trabajo Social en Finanzas. También es Facilitadora con Certificación de Asesoramiento Prematrimonial (SYMBIS) y Facilitadora para el manejo de la ira, permitiéndole ofrecer estos servicios a personas que buscan solidificar sus relaciones.

Actualmente Elizabeth trabaja como Gerente de Recursos de Salud Mental para la Comunidad Hispana, donde proporciona recursos bilingües y apoyo a las personas de dicha comunidad. De primera generación mexicoamericana, ella entiende profundamente, los retos y experiencias únicos que las personas y familias hispanas enfrentan, y está comprometida a proporcionar apoyo con sensibilidad cultural para empoderar a esta comunidad.

La experiencia profesional y el entrenamiento de Elizabeth le ha dado un amplio rango de destrezas y conocimientos para apoyar las necesidades de sus clientes. Ella es diestra en la técnica de Entrevista Motivacional, la cual se enfoca en construir motivación y compromiso para cambiar. Ella también tiene conocimiento en un enfoque basado en el trauma, con el cual ayuda a sus clientes a sanar de traumas anteriores y seguir adelante con sus vidas.

En adición, Elizabeth es experta en pérdida y trauma, sistemas familiares, crianza positiva, intervención de crisis, atención plena, respuesta a la intervención y autocuidado. Ella es una estudiante de por vida, constantemente busca nuevas oportunidades para ampliar y enriquecer su conocimiento y destrezas.

El compromiso de Elizabeth a la difusión y educación sobre la salud mental va más allá de su trabajo con clientes. Ella es la autora de un artículo de LinkedIn llamado "Trauma Healing Groups" (Grupos de Sanación del Trauma), donde explora los beneficios de grupos de apoyo en caso de trauma para aquellos que lo han experimentado. Su dedicación para promover la atención y educación sobre salud mental resalta su compromiso para empoderar y mejorar las vidas de las personas y comunidades.

Elizabeth es una profesional de la salud mental diestra y compasionada, quien está comprometida a apoyar a sus clientes a alcanzar las metas y vivir de manera plena y significativa.

ANASTASIYA

BRITANY

CRYSTAL

ELIZABETH

DR. LETI

TANYA

HILDA

MARY LOU

ELIZABETH

ELISABETH

MARIANA

FEDERICO

Centro Cannenta y Fundación Cannenta

El Centro Cannenta se estableció para proporcionar la calidad más alta en servicios terapéuticos a personas, parejas, niños y adolescentes, con la mayor sensibilidad cultural posible, mientras que fortalece el crecimiento profesional de sus terapeutas. Nuestra misión es proporcionar acceso a cuidados de salud mental compasivos y culturalmente sensibles con resultados positivos, los cuales son posibles al remover los obstáculos económicos y del idioma.

Nuestro trabajo es más importante que nunca. De acuerdo con la Asociación Americana de Psiquiatría, en el período del 2014 al 2019, la población hispana aumentó en un 4.5 por ciento (5.2 millones de personas), mientras que las instituciones que ofrecen servicios de salud mental disminuyeron casi un 18 por ciento (una pérdida de 1163 facilidades de tratamiento de salud mental).

Para contrarrestar estas tendencias, establecimos La Fundación Cannenta en 2022, con la meta conjunta de incrementar el acceso a los cuidados de salud mental en comunidades desatendidas a través del Proyecto Ayuda, y apoyar a los proveedores de servicios de salud mental bilingües a través del Proyecto Adelante.

El Proyecto Ayuda, de la Fundación Cannenta proporciona servicios de salud mental a la comunidad hispana a bajo costo o gratis. Desde nuestra creación, más de cien personas han participado en sesiones de terapia en su idioma preferido y tomando en cuenta su cultura. Aproximadamente el 90 por ciento de esas personas han reportado que es la primera vez que asisten a terapia; esto refleja claramente que la comunidad hispana necesita tener acceso a los servicios de salud mental. Hemos visto que nuestros clientes del Proyecto Ayuda han sufrido mayor trauma, están más afectados y tienen más síntomas que nuestros clientes del Centro Cannenta, quienes tienen seguro de salud o pueden pagar el costo de las consultas privadas.

A medida que trabajamos para facilitar el acceso a los servicios de salud mental, vemos una emergente necesidad de tener un sistema robusto de apoyo y asesoría para los proveedores de salud mental bilingües. Hemos notado que no hay suficientes trabajadores sociales latinos que tomen el examen de licenciatura de la Asociación de Juntas de Trabajo Social (ASWB por sus siglas en inglés), y de aquellos que lo toman, pocos aprueban la primera vez. Por ejemplo, de acuerdo con el análisis del examen de ASWB del 2022, solamente el 13 por ciento de los candidatos eran hispanos/latinos; y además de que no hay suficiente representación hispana/latina entre los candidatos, la tasa de aprobación del primer examen ha bajado para aquellos examinados que se califican como hispano/latino o multirracial. Los datos no reportan cuántas personas abandonan la licenciatura después de uno o más intentos fallidos al tomar el examen—ya sea porque se sienten desanimados, por falta de apoyo al prepararse y estudiar, o no tienen las posibilidades económicas de tomar el examen varias veces, ya que cuesta de trecientos a quinientos dólares por intento. De esta manera, este examen se convierte en un obstáculo que elimina a un gran numero de candidatos bilingües.

Para ayudar a que más latinos obtengan sus licencias de trabajadores sociales, el Proyecto Adelante de la Fundación Cannenta, estudia las barreras que impiden la licenciatura y crea avenidas para hacer el proceso de licenciatura menos sobrecogedor. Por ejemplo, proporcionamos servicios de mentorías y tutorías para el examen de la ASWB, y cubrimos los costos de la prueba para los candidatos. También ofrecemos supervisión gratuita para el proceso de licenciatura clínica estatal, lo cual podría costarles a los candidatos más de diez mil dólares en un lapso de dos a tres años. Y, para incrementar el número de mentores de trabajo social, hemos ayudado a pagar por un curso que les permite a los profesionales ya licenciados, obtener una licencia de supervisores para que puedan ayudar a otros. La Fundación Cannenta también está interesada en establecer caminos más equitativos para la licenciatura, como la reciente ley de Illinois que les permite a los trabajadores sociales quienes no pasan el examen inicial del ASWB obtener su licencia al completar tres mil horas de trabajo social supervisado dentro de los primeros diez años de haber completado su carrera.

Al comprar este libro, estás ayudando a la Fundación Cannenta a continuar nuestra importante labor ¡Gracias!